中国传统民俗文化
——收藏系列

中国古代

金银器

王 烨 ◎ 编著

中国商业出版社

图书在版编目（CIP）数据

中国古代金银器 / 王烨编著. —— 北京：中国商业出版社，2014.12

ISBN 978-7-5044-8516-8

Ⅰ. ①中… Ⅱ. ①王… Ⅲ. ①金银器（考古）-介绍-中国-古代 Ⅳ. ①K876.43

中国版本图书馆 CIP 数据核字（2014）第 299125 号

责任编辑：常松

中国商业出版社出版发行
010-63180647 www.c-cbook.com
（100053 北京广安门内报国寺 1 号）
新华书店总店北京发行所经销
北京飞达印刷有限责任公司

*

710×1000 毫米 16 开 12.5 印张 200 千字
2015 年 1 月第 1 版 2015 年 1 月第 1 次印刷
定价：25.00 元

* * *

（如有印装质量问题可更换）

《中国传统民俗文化》编委

主　编　傅璇琮　著名学者，原国务院古籍整理出版规划小组秘书长，清华大学古典文献研究中心主任教授，原中华书局总编辑

顾　问　蔡尚思　著名历史学家，中国思想史研究专家
　　　　　卢燕新　南开大学文学院副教授
　　　　　王永波　四川省社会科学院文学研究所副研究员
　　　　　叶　舟　中国思维科学研究院院长，清华大学、北京大学特聘教授
　　　　　于春芳　北京第二外国语学院教授
　　　　　杨玲玲　西班牙文化大学文化与教育学博士

编　委　陈鑫海　首都师范大学中文系博士
　　　　　李　敏　北京语言大学古汉语古代文学博士
　　　　　赵　芳　出版社高级编辑，曾编辑出版过多部文化类图书
　　　　　韩　霞　山东教育基金会理事，作家
　　　　　陈　娇　山东大学哲学系讲师
　　　　　吴军辉　河北大学历史系讲师
　　　　　石雨祺　出版社高级编辑，曾编辑出版过多部历史类图书
　　　　　王　欣　全国特级教师

策划及副主编　王　俊

序 言

中国是举世闻名的文明古国,在漫长的历史发展过程中,勤劳智慧的中国人,创造了丰富多彩、绚丽多姿的文化,可以说人创造了文化,文化创造了人,这些经过锤炼和沉淀的古代传统文化,凝聚着华夏各族人民的性格、精神、智慧,是中华民族相互认同的标志和纽带。在人类文化的百花园中摇曳生姿,展现着自己独特的风采,对人类文化的多样性发展做出了巨大贡献。中国传统民俗文化内容广博,风格独特,深深地吸引着世界人民的眼光。

正因如此,我们必须深入学习贯彻十八届三中全会精神,按照中央的规定,加强文化建设。2006 年 5 月,时任浙江省委书记的习近平同志就已提出:"文化通过传承为社会进步发挥基础作用,文化会促进或制约经济乃至整个社会的发展。"又说:"文化的力量最终可以转化为物质的力量,文化的软实力最终可以转化为经济的硬实力"(《浙江文化研究工程成果文库总序》)。今年他去山东考察时,又再次强调:中华民族伟大复兴,需要以中华文化发展繁荣为条件。

学习习近平同志的重要讲话,确可体会到,在政治、经济、军事、社会和自然要素之中,文化是协调各个要素协同发展、相关耦合的关健。正因为此,我们应该对华夏民族文化进行广阔、全面的检视。我们应该唤醒我们民族的集体记忆,复兴我们民族的伟大精神,发展和繁荣中华民族的优秀文化,为我们民族在强国之路上阔步前行创设先决条件。

实现民族文化的复兴,更必须传承中华文化的优秀传统。现代中国人,特别是年轻人,对传统文化十分感兴趣,蕴含感情。但当下也有人对具体典籍、历史事实不甚了解,比如说,中国是书法大国,谈起书法,有些人或许只知道些书法大家如王羲之、柳公权等等的名字,知道《兰亭集序》是千古书法珍品,仅此而已。再比如说,我们都知道中国是闻名于世的瓷器大国,中国的瓷器令西方人叹为观止,中国也因此而获得了"瓷器之国"(英语 china 的另一义即为瓷器)的美誉。然而关于瓷器的由来、形制的演变、纹饰的演化、烧制等等瓷器文化的内涵,就知之甚少了。中国还是武术大国,然而国人的武术知识,或许更多地来源于一部部精彩的武侠影视作品,对于真正的武术文化,我们也难以窥其堂奥了。我们还是崇尚玉文化的国度,我们的祖先,发现了这种"温润而有光泽的美石",并赋予了这种冰冷的自然物以鲜活的生命力和文化性格,例如"君子当温润如玉"、女子应"冰清玉洁"、"守身如玉";"玉有五德",即"仁"、"义"、"智"、"勇"、"洁",等等。今天,熟悉这些玉文化的内涵的国人,也为数不多了。

也许正有鉴于此,有忧于此,近年来,已有不少有志之士,开始了复兴中国传统文化的努力,读经热开始风靡海峡两岸,不少孩童乃至成人,开始重拾经典,在故纸旧书中品味古人的智慧,发现古文化历久弥新的魅力。电视讲坛里一波又一波对古文化的讲述,也吸引着数以万计的人们,重新审视古文化的价值。现在放在读者眼前的这套"中国传统民俗文化丛书",也是这一努力的又一体现。我们现在应当注重研究成果的学术价值和应用价值,充分发挥其认识世界、传承文化、创新理论、咨政育人的重要作用。

中国的传统文化内容博大,体系庞杂,该如何下手,如何呈现?这套丛书处理得可谓系统性强,别具心思。编者分别按物质文化、制度文化、精神文化等方面来分门别类地进行组织编写,例如在物质文化的层面,就有中国古代纺织、中国古代酒具、中国古代农具、中国古代青铜器、中国古代钱币、中国古代石刻、中国古代木雕、中国古代建筑、中国古代砖瓦、中国古代玉器、中国古代陶器、中国古代漆器、中国古代桥梁等等。

在精神文化的层面,就有中国古代书法、中国古代绘画、中国古代音乐、中国古代艺术、中国古代篆刻、中国古代家训、中国古代戏曲、中国古代版画等等;在制度文化的层面,就有中国古代科举、中国古代官制、中国古代教育、中国古代军队、中国古代法律等等。

此外,在历史的发展长河中,中国各行各业还涌现出一大批杰出的人物,至今闪耀着夺目的光辉,启迪后人,示范来者,对此,这套丛书也给予了应有的重视,中国古代名将、中国古代名相、中国古代名帝、中国古代文人、中国古代高僧等等,就是这方面的体现。

生活在21世纪的我们,或许对古人的生活颇感好奇,他们的吃穿住用如何?他们如何过节?如何安排婚丧嫁娶?如何交通?孩子如何玩耍?等等。这些饶有兴趣的内容,这套中国传统民俗文化丛书,都有所涉猎,例如中国古代婚姻、中国古代丧葬、中国古代节日、中国古代风俗、中国古代礼仪、中国古代饮食、中国古代交通、中国古代家具、中国古代玩具、中国古代鞋帽等等,这些书籍介绍的,都是人们深感兴趣,平时却无从知晓的内容。

在经济生活的层面,这套丛书安排了中国古代农业、中国古代纺织、中国古代经济、中国古代贸易、中国古代水利、中国古代车马、中国古代赋税等等内容,足以勾勒出古人经济生活的主要内容,让今人得以窥见自己祖先曾经的经济生活情状。

在物质遗存方面,这套丛书则选择了中国古镇、中国古楼、中国古寺、中国古陵墓、中国古塔、中国古战场、中国古村落、中国古街、中国古代宫殿、中国古代城墙、中国古关等内容。相信读罢这些书,喜欢中国古代物质遗存的读者,已经能大致掌握这一领域的大多数知识了。

除了上述内容外,其实还有很多难以归类却饶有兴趣的内容,例如中国古代的乞丐这样的社会史内容,也许有助于我们深入了解这些古代社会底层民众的真实生活情状,走出武侠小说家们加诸他们身上的虚幻不实的丐帮色彩,还原他们的本来面目,加深我们对历史真实的了解。继承和发扬中华民族几千年创造的的优秀文化和民族精神是我们责无旁贷的历史责任。

不难看出，单就内容所涵盖的范围广度来说，有物质遗产，有非物质遗产，还有国粹。这套丛书无疑当得起"中国传统文化的百科全书"的美誉了。这套书还邀约了大批相关的专家、教授参与并指导了稿件的编写工作。应当指出的是，这套书在写作中，既钩稽、爬梳大量古代文化文献典籍，又参照近人与今人的研究成果，将宏观把握与微观考察相结合。在论述、阐释中，既注意重点突出，又着重于论证层次清晰，从多角度、多层面对文化现象与发展加以考察。这套丛书的出版，有助于我们走进古人的世界，了解他们的美好生活，去回望我们来时的路。学史使人明智。历史的回眸，有助于我们汲取古人的智慧，借历史的明灯，照亮未来的路，为我们中华民族的伟大崛起添砖加瓦。

是为序。

傅璇琮

2014年2月8日

前 言

　　金和银是金属，硬度适中，具有延展性，易锤打成形，又有亮丽的天然色泽，且不易氧化变色，是制作工艺品的良好材料。自从人类发现、认识了金、银之后，就将其加工成为各种金银制品。现在，由于先天的魅力加上后天人类工艺的精心琢饰，使金银器具有了财富和艺术的双重价值，从而成为了金属世界的"贵族"。

　　世界上最早的黄金制品出现于公元前五千年的古埃及，最早的银器则出现在公元前四千年左右的美索不达米亚。随后，希腊、罗马、波斯、萨珊朝等都开始了对金银器的广泛使用。

　　金银文化在中国的发展历程可谓绵久而辉煌。早在距今约三千余年前的商周时期，已经开始出现了金制品。略后的春秋战国时期，则开始了对银制品的使用。早期金银器均为小型装饰制品，小巧简约、清新活泼便成为了对此时金银器特征最为恰当的概说。随后，金银器在经历了秦汉时期的繁荣发展后，又融入了魏晋南北朝时文化交流所带来的异域风情，最终形成了唐代绚丽多姿、成熟健康、优雅活泼的独立风格，并成为一代盛世的标志。宋元时期的金银器，在装饰上引入了绘画艺术，因而较之前代器物更多地充满了诗情画意，愈发清秀典雅。而华丽浓艳则是明清时期金银器的显著特征。这一时期，金银器造型与制作均讲究美观与精细，以至流之于繁琐，褪尽了唐宋时期的勃勃生机。在金银器上镶嵌珍珠、宝石，金银工艺也开始与漆艺、木艺、玉器工艺等进行结合。在精雕细琢的高超工艺与富丽堂皇的整体效果掩映下，一系列颇具奇胜之姿的合璧产品，为金银器的发展开辟出一条新的道路。总之，金银器在中国历史文物中占有重要位置，是中国传统文化艺术的重要载体。

　　本书简要介绍了金银文化发展历史、金银基本知识及金银的市场价值；在古代金银器部分重点介绍了先秦两汉、唐宋、明清时期的金银器，就金银器的器型、纹饰、工艺、时代特征等方面的具体内容，挑选出各时代具有代表性的金银器精品以供读者赏析。重点介绍金银饰品、金银器、金条、金银币的特征，就金银饰品的选购要领与服饰搭配进行了详细讲解。同时，对古今各类金银制品鉴别及保养方法进行了细致介绍。总之，本书是金银器爱好者和收藏者的最佳读物。

目录

第一章 尊贵典雅的象征——金银器

第一节 认识金银器 2
什么是金 2
什么是银 6
古人对金银的认识与利用 7
黄金的发现 10
源远流长的金银文化 14

第二节 丰富多彩的器形 16
饮器 16
食器 17
容器 18
茶具 20
饰品 20

第二章 历史回眸——金银器发展历程

第一节 先秦两汉金银器 30
黄金隆重登场 30

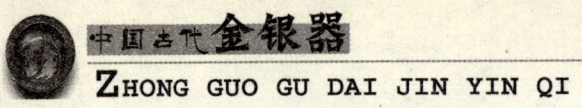

金银器的缓慢发展 …………………………………… 34

泛滥的金银生活用具 ………………………………… 37

第二节　隋唐五代金银器 …………………………… 42

金银器的疯狂时代 …………………………………… 42

古朴沧桑的器物时代 ………………………………… 48

南北方风格的差异 …………………………………… 52

第三节　宋元金银器 …………………………………… 54

金银器的商品化 ……………………………………… 54

辽国金银器 …………………………………………… 59

精美绝伦的元代金银器 ……………………………… 62

第四节　明清金银器 …………………………………… 71

皇宫帝后的龙凤冠 …………………………………… 71

皇家御用生活器具 …………………………………… 75

皇家御用典礼器具 …………………………………… 78

第五节　古代金铜造像 ………………………………… 80

古代金铜造像概述 …………………………………… 80

佛教的传入 …………………………………………… 81

佛像的起源 …………………………………………… 82

三国两晋金铜佛造像 ………………………………… 83

十六国金铜佛造像 …………………………………… 84

南朝金铜佛造像 ……………………………………… 85

北朝金铜佛造像 ……………………………………… 86

隋代金铜佛造像 ……………………………………… 88

唐代金铜佛造像 ……………………………………… 89

宋代金铜佛造像 …………………………………………… 90

辽代金铜佛造像 …………………………………………… 90

元代金铜佛造像 …………………………………………… 91

明代金铜佛造像 …………………………………………… 92

清代金铜佛造像 …………………………………………… 94

第三章　巧夺天工——金银器的工艺

第一节　铸造技术 …………………………………………… 98

范铸 ………………………………………………………… 98

浇铸 ………………………………………………………… 98

锤揲 ………………………………………………………… 99

焊接 ………………………………………………………… 101

铆接 ………………………………………………………… 101

退火 ………………………………………………………… 102

酸洗 ………………………………………………………… 102

打磨 ………………………………………………………… 102

抛光 ………………………………………………………… 103

第二节　装饰工艺 …………………………………………… 104

金银错 ……………………………………………………… 105

贴金与包金 ………………………………………………… 107

金银平脱 …………………………………………………… 108

点翠 ………………………………………………………… 109

点蓝 110

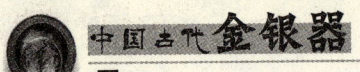

第三节 纹饰工艺 110

动物纹 110

植物纹 112

传统吉祥图案 116

人物故事纹 119

第四章 万古流芳——著名金银器鉴赏

第一节 古代著名银器 122

战国银卧鹿 122

秦代右游银盒 122

汉代银锅 123

唐代金银丝结条银笼子 123

唐代双环耳银锅 124

唐代镏金三钴杵纹阏伽瓶 125

唐代镏金带钏面三钴杵纹银臂钏 125

唐代镏金四天王盝顶银宝函 126

镏金如来说法盝顶银宝函 126

唐代"敬晦进"折枝团花纹银碟 127

唐代镏金卧龟莲花纹银香炉 127

唐代镏金春秋人物三足银罐 127

唐代镏金镂空飞鸿球路纹银笼子 128

唐代镏金捧真身菩萨 …………………………………… 128

唐代镏金翼兽纹六曲银盘 ……………………………… 129

唐代六瓣凸花银盘 ……………………………………… 129

唐代鎏金银茶罗 ………………………………………… 130

唐代鎏金银茶碾、碾轮 ………………………………… 130

唐代舞马衔杯银壶 ……………………………………… 131

北宋慧光塔塔基镏金玲珑银塔 ………………………… 132

南宋翘头小脚银鞋 ……………………………………… 133

辽代镏金银鸡冠壶 ……………………………………… 133

辽代花瓣式银碗 ………………………………………… 134

元代镀金团花银圆盒 …………………………………… 134

元代银渣斗 ……………………………………………… 134

明代六角錾花错金银錾壶 ……………………………… 135

明代吉祥纹银酥油灯 …………………………………… 135

明代五十两银锭 ………………………………………… 135

明代银爵 ………………………………………………… 136

明代银温酒器 …………………………………………… 136

清代银累丝双龙戏珠纹葵瓣式盒 ……………………… 136

清代银錾花梅花式杯 …………………………………… 137

清代银经匣 ……………………………………………… 138

第二节　古代著名金器 ……………………………… 138

汉代王冠形金饰 ………………………………………… 138

北魏四兽形金饰件 ……………………………………… 139

南北朝金棺银椁 ……………………………… 139

唐代纯金四门塔 ……………………………… 140

隋代金项链 …………………………………… 141

唐代金龙 ……………………………………… 142

辽代金面具 …………………………………… 142

明代金凤钗 …………………………………… 144

明代万历皇帝金丝冠 ………………………… 145

明代孝端皇后凤冠 …………………………… 146

清代金发塔 …………………………………… 147

清代金錾花如意 ……………………………… 148

清代金胎包镶珊瑚桃式盒 …………………… 149

清代四臂观音金坐像 ………………………… 149

清代金嵌珠天球 ……………………………… 150

清代金累丝殿式龛 …………………………… 150

清代银盆金铁树盆景 ………………………… 151

第五章　金银器的鉴定与收藏

第一节　金银器的鉴定方法 …………………… 154

外观检验法 …………………………………… 154

工具检验法 …………………………………… 156

试剂点试法 …………………………………… 157

火烧法 ………………………………………… 157

第二节　金银器的收藏与保养 …… 159

　　金银器的收藏 …… 159
　　从造型鉴定金银器制造时代 …… 161
　　从铭文鉴定金银器制造时代 …… 163
　　鉴别黄金成色的方法 …… 163
　　银与银器的鉴定 …… 165
　　值得收藏的金铜佛像 …… 166
　　金铜佛像价值和品位的论定 …… 167
　　金铜佛像作伪方法 …… 169
　　金铜佛像的鉴定与辨伪 …… 170
　　古代金银器保养 …… 173

参考书目 …… 180

第一章

尊贵典雅的象征——金银器

　　金银器是中国传统文化艺术的重要载体，同时又有亮丽的天然色泽，且不易氧化变色，是制作工艺品的优良材料。自从人类发现、认识了金银之后，就将其加工成各种金银制品。金银制品在商代就已出现，春秋战国时期已有金银镶嵌工艺。金银器皿出现得较晚，汉代以前很少见，至唐代才开始有较多发现。从此以后，金银器便作为尊贵典雅的象征，为部分人所拥有。

第一节
认识金银器

什么是金

在门捷列夫元素周期表中，金的化学符号为 Au，原子序数为 79，即金的原子核周围有 79 个带负电荷的旋转电子，其原子量为 197。质子数为 183～204 的同位素共 22 个，但只有同位素 197 的金最稳定。金前面的近邻是锇、铱、铂；而后面的则是汞、铊、铅。金与钌、铑、钯、锇、铱、铂这些金属都具有很好的化学稳定性，统称为贵金属。

从性质上讲，金、银与铜有不少的相似性，它们同属化学元素周期表中的同一副族，电子层结构相似，这使得它们之间的物理、化学性质相似。

金的熔点为 1063℃，沸点为 2808℃。金是唯一在高温下不与氧发生化学反应的金属，科学家曾经做过一个实验，在 1000℃ 下将它置于氧中 40 个小时，没有检测到失

黄金块

第一章 尊贵典雅的象征——金银器

重现象。熔融的液态金会随着温度的升高而挥发,"真金不怕火炼"是对1300℃以下的温度范围而言。

纯金有着极好看的草黄色金属光泽,可以说黄金在所有金属中,颜色最黄。但在自然界中见不到纯金,而金属杂质(首先是铜和银)赋予金以各种颜色和色调,从淡黄色到鲜黄红色。金子的颜色同时也取决于该金属块的厚度及其聚集体状态。例如,很薄的金箔,对着亮处看是发绿色的,熔化的金也是这种颜色,细粒分散金一般为深红色或暗紫色。

在20℃时,金的密度是19.32克/立方厘米,所以当在手中放一小块金子时,会有沉甸甸的感觉。在不同的温度下金的密度也略有差异,18℃时是19.31克/立方厘米,1063℃熔化时为17.3克/立方厘米,1063℃凝固状态时是18.2克/立方厘米。金的密度大对其选矿十分有利,用最简单的方法,如采用溜槽淘洗,就能获得很高的回收率。

《汉书·食货志》中提到,"黄金方寸,而重一斤"。这里所指的"方寸"

金锭

和"斤"虽不是指一立方寸的黄金重一斤,但却可以表明,黄金是密度非常大的一种金属。

金具有很好的可塑性和延展性,易承受机械加工,通常1克纯金可拉长成320米的金丝。在现代工艺加工条件下,1克黄金可拉成3000米长、直径为0.0043毫米的细丝。在河北满城出土的古代帝王使用的著名金缕玉衣,制作年代大约在西汉中期,其金丝直径仅为0.14毫米。许多建筑物、佛像、工艺品上所贴的黄金,就是利用它的延展性制成厚度仅0.12×10^{-3}毫米的金箔。

金的硬度较低,矿物的莫氏硬度为3.7金刚石,纯金首饰的硬度仅有2.5金刚石,在纯金上用指甲即可划出痕迹,这也使得黄金非常易于加工。然而这一点对饰品的所有者来说,又很不理想,因为这样很容易使饰品划伤,使其失去光泽以致影响美观。同时,由于金的硬度低,金也很容易被磨损,变

黄金矿石

成极细的粉末，因此纯金首饰常年佩戴会由于磨损减轻重量造成不可挽回的损失。所以，在制作金首饰和金币时一般都要加银和铜以提高其硬度，并且会使其颜色更加绚丽。

金与其他金属在一起熔化，不仅可降低其熔点，而且还能提高硬度、改变金本身的机械性能，其中银和铜可明显提高金的硬度；砷、铅、铂、银、铋、碲能使金变脆，如含铅仅有1%的金合金，如果冲压一下，就会变成碎块，纯金中含0.01%的铅，它的良好可锻性就将完全丧失。

金具有很高的导热、导电性能，它的传导性仅次于铂、汞、铅和银。金是抗磁体，但含锰的金磁化率很高，含大量的铁、钴、镍的金是强磁体。

在红外线区域内，金具有高反射率、低辐射率的特性。含有其他元素的金合金能选择吸收光波的波长，因而改变颜色，利用这一特点，通过现代加工工艺，展现在人们面前的金已是五彩缤纷，不仅仅只是单纯的黄色。

金有吸收X射线的本领。目前得到广泛应用的X射线无损测金技术就是对这一性质的利用。

金的结晶呈等轴晶系。晶体的形状常呈立方体或八面体。晶体经熔化后再凝结时，呈不规则的多角形。冷却得越慢，晶体就越大。

在自然界中只存在金与碲的化合物，金与汞的化合物极少，所有其他化合物都是人工制成的。自然金的表面有时会覆盖一层铁的氧化物薄膜。在这种情况下，黄金的颜色可能呈褐色、深褐色，甚至是黑色。

金的化学性质稳定，具有很强的抗腐蚀性，从常温到高温一般均不氧化。金与盐酸、硝酸、硫酸均不起作用，但可以溶解于某些化学溶剂中，例如王水、碘化钾溶液、氰化钾溶液以及液溴、饱和溴水、饱和氯水等。金也可溶于碱金属，氰化物，酸性的硫脲溶液，溴溶液，沸腾的氯化铁溶液，有氧存在的钾、钠、钙、镁的硫代硫酸盐溶液等。碱金属的硫化物会腐蚀金，生成可溶性的硫化金。土壤中的腐蚀酸和某些细菌的代谢物也能溶解微量金。

金具有亲硫性，常与硫化物如黄铁矿、毒砂、方铅矿、辉锑矿等密切共生；易与亲硫的银、铜等元素形成金属互化物。

金具有亲铁性，陨铁中含金（1150×10^{-12}）比一般岩石高三个数量级，金经常与亲铁的铂族元素形成金属互化物。

金还具有亲铜性，在元素周期表中，它占据着亲铜和亲铁元素之间的边缘位置，与铜、银属于同一副族，但在还原地质环境下，金的地球化学行为与相邻元素相似，表现了更强的亲铁性，铜、银多富集于硫化物相内，而金铂多集中于金属相。金在地球中元素丰度为 0.8×10^{-6}，地核为 2.6×10^{-6}，地幔为 0.005×10^{-6}，地壳为 0.004×10^{-6}。金在地壳中的丰度只有铁的一千万分之一，银的二十一分之一。

地质学家认为，地球发展早期阶段形成的地壳其金的丰度较高，因此，代表早期残存地壳组成的太古宙绿岩带，尤其是其中的镁铁质和超镁铁质火山岩组合，金丰度值高于地壳中后期形成的各类岩石，是金矿床最早的"矿源层"。

综上所述，金在地壳中的丰度值非常低，要形成工业矿床，金要富集上千倍，要形成大矿、富矿则要富集几千、几万倍，甚至更高。可见，规模巨大的金矿一般要经历相当长的地质时期，通过多种来源，多次成矿作用叠加才可能形成。

什么是银

银为白色金属，熔点为960.5℃，沸点为2212℃，富于可塑性并易于抛光。银在所有金属中具有最高的反射性能，相当于橙红色光谱的95%。有最好的导电性和导热性，常被用作高级电子元器件

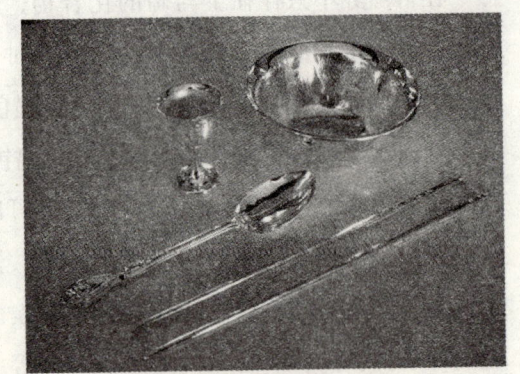

银餐具有杀菌消毒的作用

的触点。银的硬度不高，介于金和铜之间，莫氏硬度约2.7，银的密度为10.5克/立方厘米，是金的54%。

银属于不活泼金属，常温下在空气中不被氧化，但升温或加压时可形成氧化银。银在熔融状态时能溶解大量的氧，液态时能与铜或其他金属结合，形成各种银合金。

银与空气中的臭氧接触，可直接发生化学反应，结合为氧化银并呈黄褐色，与硫化氢接触也能发生化学反应成为硫化银。银在空气中放久了，表面色泽会减退。常见的银制品变黑，这都是因为银受到空气中所含的硫化氢的影响，与硫化合形成黑色的硫化银。

银的延展性很高，仅次于金，可以碾压成只有0.00003厘米厚的透明箔，1克重的银粒可以拉成约2千米的细丝。

银的导电性强。在金属元素中导电能力最佳，1米长、1平方毫米截面的银电阻值为0.0160606欧。

银有杀菌及验毒功能。我国的蒙古族人民喜爱用银来制作银碗、银筷、银勺及装奶器具。也有些人习惯在每份菜里都放一只小银牌，其作用为杀菌和检测食物是否有毒。据科学试验，银离子确有很强的杀菌作用，因此使用银餐具盛装食物有杀菌消毒的作用。至于用银验毒，化学上证实银器变黑是由于硫化物与银反应生成硫化银之故。

古代埃及人在医治外伤时，就用银薄片覆盖伤口进行消毒。在现代医术上，如皮肤溃疡病用银离子溶液洗涤溃疡部分，能使大多数细菌死亡。

古人对金银的认识与利用

金、银属于自然界中含量稀少的贵重金属，主要从含金银的矿物中提取，亦可从多金属矿中回收伴生金和伴生银。自然金分布很分散，多以游离状态存在，有的甚至是连肉眼也看不到的颗粒状，块状黄金尤为罕见。银存在于许多天然矿物中，也需要人工提炼。金银的价值不仅在于"物以稀为贵"，而且是因为它们曾对人类的政治、经济、军事、科技及生产活动产生过极为深刻的影响。

人类对黄金和白银很早就有所认识并加以使用。有关资料表明，早在公元前1.2万年，埃及人已认识了黄金。1986年，在保加利瓦尔纳一处约7000年前的墓地里，发现了一批金器，被认为是人类历史上迄今发现的最早的黄金制品。距今4500年前，小亚细亚和中亚细亚已进行了较大规模的黄金开采活动。美索不达米亚从阿鲁吾巴依特开始（约公元前4000年左右），有黄金制品出现。埃及第十八王朝（公元前1567—公元前1085年）及乌鲁（古代波斯湾附近）第一王朝（公元前3000年）的陵墓中，屡有金胄等制品出土。古希腊也发现了一对黄金杯（公元前1600年左右），非常精美，整个杯采用浮雕制成。此后，希腊、罗马曾制造出了各种黄金制品，及至古罗马帝国统治时期，欧洲采金已具有一定的规模。至于非洲，在远古时期，塞内加尔河发源地的人们就已开始开采砂金，从而在一定程度上促进了该地区与其他非洲国家和欧洲国家的贸易，如早期的苏丹国曾以黄金与利比亚交换过铜。

黄金制品不仅在古代文化发达的埃及、希腊、两河流域有所发现，在其他地区也有发现。如格鲁吉亚地区的特里亚梯发现了一批古墓，大多数是公元前18世纪富裕的畜牧部落首领的墓葬，随葬有大量的金银器。在南美洲，据考古发现，秘鲁苏佩和维鲁有不少早期的工场（公元前500年左右），曾发现有锤打过的碎金片，尤其在兰巴耶克谷地北面的工场，发现有加工极精致的锻接金制品。由此可见，黄金在世界范围内早已有开采，其制品亦被广泛地应用，成为人们极为重视的生活和装饰物品。

银在古代多用灰吹法提取，有可能是炼铅的一种副产品。最早的银器（银制品）出现于古代美索不达米亚的拉格什（今伊拉克），是一件十分完整的银壶（公元前2650年）。在银壶的口沿刻有同时期的文字，腹部线刻狮子头等饰纹。但考古发掘的资料显示，银器的发展远逊于黄金制品，即使在古

代文化发达的罗马、希腊时代，其银器的制作也没有多大起色。据现存银制品来看，其工艺多为镶嵌及镀银。到了波斯萨珊王朝，银器制作进入鼎盛时期，其精美而耀眼的银器为世人所瞩目，并形成波斯萨珊王朝金银器模式，对亚洲地区的金银器的发展产生了较大的影响。据考古发现，我国自北朝开始流行金银器皿，从北朝到唐朝金银器的造型和纹饰上均可看到浓郁的萨珊王朝金银器的风格。

知识链接

金银器的历史价值

1. 具有划时代意义的精品，代表了一个时代金银器艺术的水平。刘家河出土的金耳环、金臂钏、金笄三件饰品，是我国最早的自成系列的金饰品。而湖北随县曾侯乙墓出土的金盏，造型精致，设计合理，是我国最早的大型金质器皿，也是迄今出土最重的一件金质器皿，代表了先秦时期金银器制作工艺的成就。再如北京明定陵发现的万历皇帝的金丝冠、皇后的凤冠，工艺精湛，荟萃了掐丝、编织、填丝、累丝、錾雕、焊接、镶嵌等技巧，充分反映了明代金银器工艺的高超水平。龙凤冠以实物的形式再现了明代皇帝、皇后冠冕的精巧豪华，可与文献典籍记载相印证。具有划时代意义的金银器，往往是这个时代金银器艺术的代表作。

2. 反映了重大典章制度、历史人物、历史事件。如考古出土的王、侯一级的金银印，反映了典章制度中规定的不同等级使用不同规格的印章。其中"文帝行玺"金印是第二代南越王赵眜生前用印，反映了汉初南越王割据一方的局势。而"广陵王玺"的出土为日本收藏的"汉委奴国王"金印的认定，起了关键性的作用，成为中日友谊的佳话。陕西扶风法门寺地宫出土的鎏金银茶碾子和鎏金飞鸿纹银匙，上面錾刻有"五哥"，五哥是唐僖宗李儇的小名，可知这两件器物是唐僖宗所供奉的。另几件器皿上的铭文则反映了唐代金银器宫廷手工业作坊制度。

3. 反映中西文化交流的载体。如山西大同出土的刻花银碗，腹壁以树叶分成四等份，每一等份中有一圆杯，圆杯内雕出一位高鼻大眼、卷发戴冠的半身像。从造型和纹饰来看，银碗是公元4世纪的安息王朝的作品，由丝绸之路传入中国。广东遂溪窖藏出土的莲花纹银碗，上面刻的波斯文与波斯萨珊王朝银币上的铭文字母一致，对研究南方海上丝绸之路的发展，有着重要的意义。

黄金的发现

最早发现和使用黄金的是古埃及人，据称，他们在公元前1.2万年的时候就已经认识到了黄金是一种珍稀的金属。考古工作者还在一件公元前2500年的古埃及雕刻上发现了"金"的象形文字，字形为古人淘洗沙金的操作象形图案。古埃及人信仰太阳神，因为黄金有太阳一般的光芒，象征着永恒并与权力和财富

金爵杯

相联系而受到崇拜。尼罗河上游有一个叫做努比亚的小国，以盛产黄金闻名，丰富的黄金资源引起了古埃及法老们的觊觎，在公元前2000年的时候，先后发动了四次战争，最终占有了努比亚的所有金矿，这是有历史记载的人类最早因争夺黄金而发动的战争。罗马帝国与古埃及的战争原因要复杂得多，但恺撒大帝同样以黄金遍地和美女如云向他的士兵们许诺，战争的结果似乎印证了恺撒的诺言。罗马大军凯旋时带走了从埃及掠夺的2822个金冠，每一个金冠重达8千克，共计22.58吨，数量惊人。16世纪，西班牙殖民者入侵南美，将掠夺来的大量精美的印加金器熔为金锭，使当地的金银艺术蒙受了无法挽回的损失。300年间，西班牙殖民者从美洲大陆共掠夺了2500吨黄金。

甘肃玉门火烧沟夏代墓葬（公元前1600年）出土的金耳环被初步认定为我国已发现的最早的黄金制品，从该墓葬中同时出土的还有金银耳环、鼻饰和铜刀、铜镜等。有专家据此推测，我国发现和利用黄金的时间可上溯到距今5000年前的新石器时代。在中国上古文化中，以黄金装饰为主要特征的有从四川广汉三星堆古蜀王国遗址（距今3000~5000年）两个祭祀坑出土的包括金杖、金面具、金挂饰在内的百余件金器。2001年2月，在离三星堆38公里的金沙村发现了一个远古文明遗址，出土了30余件金器，其中有金面具、金带、圆形金饰、蛙形金饰、喇叭形金饰等。金沙遗址的考古年代比三星堆晚大约500年，专家认为很有可能是三星堆文明的延续。四川的岷江、金沙江、大渡河流域盛产沙金，生活在这一区域的部族较早掌握了黄金的淘取技术和加工工艺。金沙遗址出土的金箔厚度只有0.02厘米，金箔中央是一个镂空的旋转图形，周围有4个鸟形动物，推测为象征太阳的神鸟。其他如凤凰金饰、蛙形金饰、金冠带的风格为其所独有。

需要指出的是，三星堆出土的金器是被赋予了神性的，其功能与中原文化中的玉器与青铜器相似。到目前为止，这仍是中国文化史与中国古代金银工艺史上的孤例。对早期蜀文化的渊源与去向等相关问题，还有待进一步的研究。

"追琢其章，金玉其相"（《诗经·大雅》）。夏商周是我国发现和利用黄金的初始期，黄金的来源主要以采拾自然金为主。目前出土较多的为商代金器，其中有北京平谷商墓出土的金臂钏、金耳环和金笄，河南安阳殷墟出土的金箔，郑州商代遗址出土的夔凤纹残金饰件等。春秋战国时期，黄金的开采加工工艺有所发展，从捡拾自然金发展到利用重力法淘金，在淘采砂金的同时还从原生矿中开采岩金。从生产实践中人们积累了更多的地质知识，了解了矿物共生组合的关系，《管子·地数篇》中就说："上有丹砂者，下有黄金"，找矿人已经可以绘制简易的地质图了。金银器的分布区域也有了明显的扩大，南起楚国向北延伸到河套地区和鄂尔多斯高原，东从黄河之滨一直到天山山麓。对这一时期，主要考古发现有：河南郏县上村岭春秋墓出土的金铉泡；湖北随县曾侯乙墓出土的金盏、金漏勺、带盖金杯和"金盖"等五件，总重为3487.37克。较有代表性的有：陕西宝鸡市益门村战国晚期墓和河北省平山县中山王墓出土的黄金器物；1965年，江苏省涟水县三里墩西汉墓出土的战国交龙金带钩；1978年，河北省平山县出土的战国金樽、金银铜神兽；1982年，江苏省盱眙县南窑庄出土的战国金版等。其中，陕西省宝鸡市益门村战国晚期墓出土的精美至极的金柄铁剑、金环首铁刀和金环首铜刀等纯金器、金铁及金铜等复合器物104件，金器总重量达3000克，是中原地区出土金银器最多的墓葬之一，为人们了解春秋战国时期的金银器历史提供了重要实物。在北方，具有草原文化特征的发现有：1972年，内蒙古杭锦旗阿鲁柴登匈奴墓出土的战国四虎咬一牛纹金饰牌和鹰形金冠顶、金冠带。这一时期已经广泛使用错金、镏金、嵌金和錾金等金加工工艺。

陕西临潼县骊山脚下有一个杨姓聚集村落西杨村，1973年底，生产队长杨培彦为缓解村里因灌溉水源缺乏引起的矛盾，带着村里的青壮劳力打了二十几口井，其中有一口井正好打在了后来震惊世界的秦始皇陵一号兵马俑坑的东南角，挖出了残破的陶制人头和肢体。一、二、三号兵马俑坑是秦始皇陵的大型陪葬坑，埋藏有与真人、真马大小相似的陶俑、陶马8000余件，被誉为20世纪考古史上最伟大的发现和世界第八大奇迹。1978年夏天，西安的

第一章 尊贵典雅的象征——金银器

大街小巷盛传从秦始皇陵中挖掘出了金车、金马和金人,将人们关注的目光从皇陵中的陶俑转向了黄金。在发掘现场,考古工作者正在对新发现的两组铜车马进行清理。整个车马共有零部件3462件,其中铜构件1742件、金制配件737件、银制配件983件,总重量1241千克,其中金3033克、银4342克。这就是秦始皇陵车马坑出土的中国考古史上时代最早、体形最大、装饰最华丽的两乘铜马车。其中一辆名为高车,车马通体彩绘,马头装饰有金银络头(俗称笼头)、金银缰索和金银项圈,代表了秦代青铜和金银制作工艺的较高水平。

鹰形金冠顶

秦始皇陵中藏有大量奇珍异宝是人们常会说起的一个话题,也给好奇的人们提供了一个金光灿灿的想象空间。司马迁在《史记·秦始皇本纪》中说:陵中"奇器珍怪徙藏满之。"《拾遗记》说:"破郦山之坟,行野者见金凫向南飞至淫泉。考其年月,是秦始皇陵中物。"这段文字的意思是说,曾有人看见从秦始皇陵中有金鸭子飞出来,颇富传奇色彩,但难以证实。比较可信的是《汉旧仪》中的记载:"帝崩,含以珠,缠以缇缯十二重。以玉为襦,如铠状,连逢之,以黄金为缕。腰以下玉为札,长一尺二寸半,为柙。下至足,亦缝以黄金缕。"说的是金缕玉衣。目前考古界普遍认为秦始皇陵并没有被盗的迹象,可以肯定的是,秦始皇陵中的宝藏

金缕玉衣头部

一旦重见天日，必定是世界考古史上最大的奇迹。

被评为1996年全国十大考古重大发现的山东省长清双乳山西汉济北王陵，出土的5辆汉代皇家马车，主要构件包括车辕、车衡、车轭、车轴、盖弓帽和马具等，全为镏金铜饰件或错金银铜饰件，被考古界称为"镶金车"。其中二号车是一辆大型四驾马车，装饰标准最高，印证了文献记载的汉代王车"朱轮华毂，金涂五末，翠羽华盖"之说，所谓"金涂五末"是指汉代王车的辕首、衡末和轴端等处的三组五件镏金装饰。一号车的轴、辕及瑗状铜环上的错金银云雷纹流光溢彩精致无比，反映了汉代较高的金银工艺水平。同时出土的还有20枚金饼，其中8枚刻有"王"字，较为罕见。

汉代开通"丝绸之路"之后，西方的金银产品与加工工艺逐步从西域传入中原，代表性的有掐丝工艺和一种称为步摇的饰物。东西方文化交流的结果之一是，促进了中国金银器制作工艺从青铜铸造的附庸地位中独立了出来，为唐宋中国金银器发展鼎盛期的到来奠定了基础。

源远流长的金银文化

中国人对黄金和白银的认识和利用有着悠久的历史和光辉灿烂的文化。古代先民自从认识了金银，就将其应用于首饰装饰业、货币制造业和工艺品制造业等诸多领域中，打造出一件件精美绝伦的金银器，创造出了灿烂的金银文化。

在古代的中国，金银是高贵身份的象征。据《汉书》记载：帝王死后穿金缕玉衣，王侯、后妃等人穿银缕玉衣，公主等人穿铜缕玉衣。这就是分等级用金丝、银丝或铜丝把玉片连缀在一起制成葬服。从唐代开始，金银器更成为使用者等级地位的象征，如一品以下的官员不可以金做食器，六品以下的官员不可以银做食器等。

中国古人对金银极其崇拜，尤其黄金的地位更是至高无上。古代有很多词汇都与"金"字有关，如"金口玉言"形容承诺永不改变；"金科玉律"

形容原则不容更改;"一刻千金"形容时间宝贵;"固若金汤"形容城池坚固不摧;"金童"指的是聪明可爱的男孩;"金枝"则指身份高贵的女孩;形容奢华而腐朽的生活即为"纸醉金迷";形容一个人由坏向好的转变即为"浪子回头金不换"……

除此之外,金银器珍贵的材质及其所散发出的璀璨夺目的光泽和其精美的工艺,都是人们喜爱它们的原因。

知识链接

黄金饰品会生锈、变色吗

黄金是人类最早发现并利用的金属,距今已逾万年。黄金饰品的地位在中国老百姓的眼中几乎没有其他饰品可以替代,究其原因,除了黄金可以投资保值以外,作为饰品可以一直佩戴,不需要过多的保养,方便省心,也不失为一个重要原因。

据专家介绍,如现今市面上出售的黄金饰品,有些采用花线、花丝、幻彩、飘沙等精细黄金饰品的加工工艺,它追求的首先是艺术臻美,其次才是黄金贵器。因此,造型繁复精美的现代黄金饰品,与其他珍珠、宝石、玉器等首饰一样,同样需要在日常生活中小心佩戴和定期清洁保养。

人们看到的"变色"、"生锈"等现象,其原因也正是忽视了黄金的正确佩戴方法和清洁保养。有专家表示:黄金是一种惰性贵金属,在一般情况下黄金本身并不会产生"生锈"或"变色"的情况。但如果日常佩戴不当或长时间未能进行保养,有可能会因外界附着物导致黄金饰品表面产生细微的变化,从视觉效果看,就是大家所认为的"生锈"和"变色"。

有关专家提醒,一般来说黄金饰品佩戴应注意以下事项:

第一,佩戴时应避免金饰接触化学物品,如香水、漂白水或化妆品等,以免发生化学作用。

第二,佩戴时应避免与尖锐物品碰撞,以免造成对金饰的磨损。

第三,建议定期将金饰返回可信赖的门店进行专业清洗。如自行在家中清洁,消费者可将金饰置于纯净水中,用软刷轻刷进行简单清洗,待晾干后,放回首饰盒内保存。

第四,由于黄金质地较柔软,佩戴时应避免拉扯黄金饰品,以免造成黄金饰品的变形与断裂。

第二节
丰富多彩的器形

饮器

饮器是指饮酒、茶和水用的器皿。其种类有杯、壶、羽觞、茶托、盏等,以杯的数量和种类最多。

常见的金银杯可分为高足杯、长杯、带把杯等。高足杯的器口为圆形或多曲圆形，杯体之下接高足，高足中部一般有一个被学者称为"算盘珠"式的节，下部向外撇呈喇叭状。杯用来盛装液体，器足具有放置和使用时手执的功用。长杯的杯口大多呈椭圆形和多曲椭圆形，体形较长，杯腹较浅，内壁有凸起的条棱，外壁则向内凹陷，杯体下一般附圈足，故又称为"圈足杯"。带把杯最显著的特征是杯身一侧有不同形制的把手，杯体较深且大部分有折棱，底部有圈足。然而中国传统器物造型中没有带把杯，从出土的金银器带把杯来看，有些直接是从中亚粟特（位于今乌兹别克斯坦境内）等地输入的，也有一些是中国古代工匠模仿粟特等地器物而制造的。

提梁银壶

金银壶的种类也较多，用途各不相同，有些用作饮器，有些为容器。常见的金银壶器形有提梁壶、带盖壶、三足或四足壶等。

羽觞即耳杯，最早出现于东周，盛行于汉代。羽觞呈雀鸟状、浅腹、平底，两侧有半月形双耳，有时也有饼形足或高足，因其左右形如两翼而得名。羽觞形状因时代不同而各有所异，比如两汉时期的羽觞呈椭圆形，两侧呈半月形耳，以后逐渐变椭圆形为两沿略尖微上翘如船形。

食器

古代食器种类很多，用金银制作的食器主要有盘、碟、碗、盏、筷子等。盘和碟是金银食器中数量最多的器形，因它们形体接近，可统称为盘。

一般形体较大的称盘，较小的称碟。此类金银食器有圆形、菱形、海棠形、葵花形等，盘底一般有平底、圈足、三足等。

碗也是金银器中十分常见的器具，主要有多曲碗、带盖碗、折腹碗、弧腹碗。碗底多有圈足，也有圈底碗。从出土的情况来看，银碗居多，金碗数量较少。

海棠形银盒

容器

中国古代容器的种类很多，金银器中主要有盒、罐、盂、盆、药具等，其中盒的出土数量最多。

古代的盒形状多变，有圆形、菱形、云头形、莲瓣形、葵形、海棠形、蝶形、菱弧形、龟背形等，有些盒还带有圈足，尤以圆盒、花瓣盒最多。容器形制分别为上下两部分，可以开启闭合。盒的用途较广，一般形体较大的盒用于盛放各种药物、茶、香料和其他珍贵的物品；形体较小的主要用于盛放化妆品。用于盛放药物的盒子，其上大多有墨书题记，以标明所放药物的名称和重量等。

罐有素面提梁罐、莲瓣纹提梁罐，除此之外，还有三足罐。罐多用来盛放酒、水，也有用来盛放药材的。

药具主要为炼丹或煮药的器具，如药壶、药铫、药勺等。

知识链接

金银器的艺术价值

1. 某一时期艺术风格的代表作。如元代朱碧山制银槎，闻宣造如意纹金盘，将优美的造型与高超的金银技艺完美地结合起来，构思独具匠心，又是大师名器，其艺术造诣极高，是元代金银器的杰出代表，也是我国金银器的稀世艺术珍品。

2. 某一类别中的艺术代表作。带钩，盛行于三国至西汉时期，带钩的造型千姿百态，制作十分精湛，河南辉县固围村出土的战国包金镶玉嵌琉璃银带钩、江苏省涟水县三里墩出土的西汉交龙双凤纹金带钩是其中的佼佼者，在同类物品中艺术成就非常高。

3. 某一民族艺术风格的代表作。如内蒙古出土的一批金银器，带有浓郁的草原民族风格。特别是一些金银牌饰，形象地表现了草原上弱肉强食的生存原则，在艺术处理上写实与意象、主题和背景和谐统一，是匈奴民族的艺术杰作。云南大理崇圣寺出土的鎏金镶珠银金翅鸟是西南大理国时期的艺术瑰宝。

4. 宗教艺术的代表作。陕西扶风法门寺地宫出土的鎏金珍珠装捧真身菩萨像是咸通二年唐懿宗为供养佛骨舍利而特制的，是迄今唯一有皇帝文号的文物，是唐代皇室专用的等级最高的佛教供养器物。法门寺出土的金银佛教用具，与佛教密宗有密切关系，是研究唐朝佛教艺术的重要资料。

茶具

中国古代的饮茶之风极盛，饮茶方式也极为考究，茶具因此日趋齐备和精美。唐代饮茶之风极为盛行，唐人不仅乐于茶道，而且讲究饮茶用具。古代茶叶的形制与烹饮方法与现在大不相同。当时的茶叶为茶饼（团茶），饮用前需先炙烤茶饼，使之干燥（称为"炙茶"），然后再经碾、罗，使之成为茶粉。当茶碾成粉后，还要放入罗里筛，分开精粗，以便贮用。古代的金银茶具种类很多，包括茶罗、茶碾、盐台、笼子等，制作十分精致，每件都是精美的工艺品。

饰品

金银首饰品种繁多，包括头饰、手饰、颈饰、发饰、耳饰、佩件及挂件等。工艺精湛，图案丰富。如头饰中的金冠、银冠；颈饰中的长命锁；发饰中有簪、钗；手饰中有戒指、手镯；其他有护身符、眼镜盒、针线盒、香荷包、植物造型等一系列随身佩戴、悬挂的饰品。

1. 头饰

主要指头冠。金冠多为皇帝、皇后佩戴；银冠多为皇室、贵族佩戴。

2. 发饰

古代妇女将头发髻挽起之后，以簪、钗固定，以免松散。金银发饰包括簪、钗、步摇、扁方、梳篦等，既

战国鹰形金冠

第一章　尊贵典雅的象征——金银器

固定头发，又起到装饰美化作用。簪可分为簪首及挺两部分，插入发内细长的部分称为挺。民间将单挺称为簪，双挺以上称为钗。

（1）簪。即"笄"。古代男女均留长发，用簪来插定挽起的头发或弁冕的。"弁"为古代冠名，"冕"即皇冠。

金簪

簪起源于新石器时代，至商周时期，簪的材料以骨为主，汉代开始出现象牙簪、玉簪，还在簪头上镶嵌绿松石。唐宋元时期的簪则大量用金、银、玉等贵重材料制作。

金簪、银簪的制作工艺有錾花、镂花及盘花等。盘花是用细金丝、银丝编结而成。簪头的雕刻有植物形、动物形、几何形、器物形等，造型多样，其图案多具有吉祥寓意。

扁方也是簪的一种，其造型作扁平一字形，也称大簪，原为满族妇女使用。

（2）钗。为古代妇女束结头发的一种首饰。多由两股合成，形如叉，故名钗。金、银钗的基本结构是将金丝或银丝两端锤尖，对折弯成两股。弯折处锤打成几何形，或缠成花纹，或焊接其他形状的花卉、动物、人物造型，或镶嵌珊瑚、玛瑙等，多采用模压、雕刻、剪凿等工艺制作，造型多样，图案纹样精美。有飞凤纹钗、菊花纹钗、蝴蝶钗、花鸟钗等。

簪、钗在使用时，一般视发髻的高低而定，且不能乱戴，岁数小的女子插在鬓发上，年岁较大的则插在发髻后面。簪子、发钗除了用来梳头、分发外，必要时还能用来防身。在古代，男女皆可使用簪子。

（3）步摇。指簪首有坠件的饰品，古代发饰的一种。又称"珠松"，是附着在簪、钗上的一种银饰。始于春秋战国，汉、唐时期在贵族妇女中颇为流行。步摇的造型多样，多有珠花下垂，行则动摇，故名。珠花即以饰珠串成的各种花形。

(4) 栉。梳篦的总称。在古代，梳篦除用来梳理头发和除垢外，还插于发际，作为头饰。我国新石器晚期已有骨梳出现。历代均有以各种材料制作的梳篦，如木梳、铜梳、包金硬木梳、银梳、金梳等，其中以木梳、银梳最为常见。

3. 颈饰

金银颈饰包括项圈、长命锁等。

(1) 项圈。以金、银、竹、铜等制成，男女均可佩戴。金、银项圈多为双股粗金丝或银丝扭结成麻绳状，两端相背弯曲，弧线较大，总体成圆环状。清代少年男女戴项圈较为普遍。今苗族、壮族、瑶族妇女依然保留着戴项圈的风俗。

(2) 长命锁。又称"长命索"、"百家锁"。起源于古代"长命镂（缕）"或"百索"。原为古代江南地区民俗，在端午节以五彩带结成各种形状，系于手臂，用以辟邪，名曰"百索"。以后彩线演变为"珠儿结"。明代以后，逐渐成为幼儿使用最普遍的一种颈饰。清代长命锁多以银制作，上部为项圈式，下部为坠饰物。坠饰物形状多样，有锁形、如意形、蝴蝶形、"麒麟送子"形等，正面多錾刻吉语文字，如"长命富贵"、"福寿绵长"、"四季平安"、"百家宝锁"、"三元及第"、"连生贵子"、"五子登科"等。金、银锁的形状有锁形、圆形、元宝形、长方形、六角形、鼎形、莲花形等，统称为锁。意思就是避灾、祛邪，"锁住生命"避免夭折。其造型以锁形为主，通常两面鼓起，一面是文字，一面是图案。文字多为吉祥语，如"长命富贵"或刻有佩戴者的名字。图案则多为戏曲故事或传说人物，还有一些是吉祥花草、吉祥动物等。有的锁下还配有各种大小不同的金银质

长命锁

铃铛、人、鱼、狮子、青蛙、蝉、十二生肖、金银斗等各种吉祥物件。长命锁多为少年男女颈饰，一般成年以后就不再挂了。

4. 耳饰

金银耳饰包括金银耳环、金银耳坠等。

（1）耳环。即环形耳饰。耳环大约出现于晚唐时期，至五代、宋初，汉族妇女戴耳环已很普遍，并流传至今，得到普及。少数民族中阿昌族、黎族妇女多戴耳环，并且直径较大，黎族妇女戴的耳环直径达18厘米，每耳戴十几个耳环，从大到小一环套一环，非常独特。

（2）耳坠。也是一种耳饰，又称坠子。耳坠的形式是在耳环上配上挂钩，钩下再配有珠宝、玉石的小玩艺儿，能摆动。最早的实物为河北省定县华塔遗址北魏石函中出土的金耳坠一对，耳坠长9厘米，主体为金丝编成的圆柱、小金球、圆金片及由锁链联结的圆锥体。北京定陵地下宫殿出土的明神宗孝靖皇后的一对金耳坠最有代表性，主题为月宫中捣药的玉兔。

5. 手饰

金银手饰包括金银手镯、金银指环等。

（1）手镯。古时称为手环，又称钏镯、跳脱、条脱、臂钗、腕阑等。手镯最早出现于汉代，用来赏赐有功之臣，所以男女都可使用，后来逐渐成为女性、小孩的贴身避邪饰物。唐代已很流行，至明清及近代，妇女戴手镯已很普遍，以各种材料制作、装饰风格多样。其中以贵重材料制作、工艺复杂的手镯较有特色，或以金、银、木等为骨，包金镶银；或盘丝叠丝，镶嵌以珠宝，雕刻錾镂，繁琐豪华。手镯的造型与重量差别很大，粗细、薄厚根据使用者手腕的粗细订制。

（2）指环。又称"戒指"、"约指"。戒指多为套在手指上的环形装饰品，圆形代表圆满之意，也有避邪作用。戒指大约起源于3000多年前的商周时代，直至今天仍是人们最普遍的一种手饰。2000多年来，指环的造型变化不大，除光素无纹的指环外，装饰手法有錾刻图案、雕铸吉文瑞兽、镶嵌钻石珠宝等。一只指环由多只指环组合，依据环的多少分别称为三连环、四连环、五连环、九连环等，有的戒指上还挂缀一些小铃铛，可以增加声韵之美，铃铛多为各种植物（如小石榴、小寿桃、柿子、佛手等）、小动物（有小鸡、小狗、小鸭子、小青蛙等）。戒指面的图案也很丰富，如历史故事、戏曲人物、吉祥花草、蝙蝠、喜鹊等。制作工艺有银鎏金、珐琅彩等，雕工精美，刀法精细。

6. 带饰

"带"即束衣的带子，古代又称大带、绅、绅带等。带饰中包括玉带、带钩、胯、蹀躞带等。

（1）腰挂。主要指悬挂在腰带上的实用物及装饰物。古人在腰带上的悬挂物种类繁多，统称为"佩饰"，如佩玉、佩鱼、香囊、佩印、荷包、熏球与吉祥物等。源于古人为自卫与生活方便而随身携带的日常用品。男子多悬挂小型武器及点火用具，女人则佩带针线筒之类的生活用具。其中有些项目演变成纯粹的装饰用品。

（2）蹀躞带。腰挂的一种。源于古代北方胡人服饰，原为胡人为了便于骑马射猎，在腰带上系挂的各种随身实用物品。唐代曾将蹀躞带列为文武官员必佩之物且为官品等级的标志，俗称"蹀躞七事"，即悬挂算袋、刀子、砺石、契苾真、哕厥、针筒、火石袋等七种物品。唐开元以后废除，但在民间更为流行，并且品种更为多样。如金银质的香囊、扇套，银质的眼镜盒、银佩印、银荷包、银耳勺、银牙签、银刀具、银小夹子、银小锥子、银熏球、银烟袋及银

古代瑞纹腰挂——针筒

镶玉、银镶珊瑚等佩饰,都列为腰挂范畴,其中有些物品则演变为吉祥物、护身符和辟邪物品。

金银腰挂工艺讲究,有烧珐琅、鎏金、点蓝及镶翠、镶玉等,最多的还是素银腰佩。银腰挂上还附各种小佩件,如小铃铛、文房四宝、佛教道教人物、法器、八宝、葫芦、寿桃、方胜、十二生肖动物、银狮子、银象、银人等数不胜数。腰挂一般呈宝塔形,用具与佩饰物用金、银链穿系连接,从上到下以逐渐增多的形式分层排列,一般以一二层居多,最多三四层。底层挂件多为单数,最少三个,最多可达十三个。以男子身上佩戴的银腰挂品种居多。清代宫廷官员甚至皇帝都曾佩戴类似的腰挂。

此外,少数民族所使用的刀具用品等,一般由刀具、筷子、火石及佩件等组成,其间由金银链连结。其中刀鞘、刀柄、筷子袋及佩件等多为打錾精美的金银饰品。

7. 服饰

服饰品中的银饰包括金银帽饰、金银扣子等。

(1)金银帽饰。民间俗称帽花,帽花是指装饰于帽上的饰物,民间很盛行用于小孩出生或小孩满月、满周岁等喜庆节日,大小排列成组。帽花造型多以八仙、弥勒佛、福禄寿为主题,还有长命百岁、竹报平安、状元及第、荣华富贵、龙虎风云、天赦大吉等内容。此外,还有一些妇女用的帽花,以团花、团寿、团鹤、福禄寿喜、牡丹、菊花、蜘蛛、蝴蝶等图案为主,多为老年妇女所用,很多是婆婆做寿时儿媳赠送的祝寿礼物。

(2)金银扣。用于古代服饰,现在的汉族服饰上已经很少见到,但在藏族、蒙古族的服饰上依然可以见到各式各样的金银扣子。金银扣子造型有镂空梅花扣、镂空二龙戏珠扣、累丝团寿扣、点蓝喜字扣、元宝扣、兽扣、胖娃娃扣、鱼扣、石榴扣、蝙蝠扣等。佩带者可根据个人信仰和追求选择不同造型的扣子,达到祈福求吉的目的,如求喜、求福、求财、求平安、求吉庆、求子等。如金银鱼扣寓意年年有余；金银寿桃扣寓意长寿；金银元宝扣寓意财富；金银莲花扣寓意一品清廉；金银佛手扣寓意福寿等。

金银扣子用在衣服上，一般以银扣子为常见。银扣子缀在衣服上，既华丽又典雅。扣子大小不一，小的如黄豆粒般大小，大的如弹球，轻者几克重，重者可达几十克甚至更多。有时金银扣子还是一种可流通的货币，遇到手头紧张时还可作钱用。

金银扣子除用于服饰，还可用在一些包装上。如金银首饰盒、黄花梨或紫檀木文房四宝盒、精致的书册画卷上都可发现金银扣的踪影。

知识链接

金钗"碗"、"盘"、"杯"的器型甄别

一般来讲，一件器物，其形制、纹制甚至制造工艺和加工技术，应该是和谐统一的，与它所属的那个时代的文化特征和科学技术的发展水平相适应。用以断定器物的年代，即利用考古中同类器物的共存关系，经过细致地比较研究，找出某一时期，或某一时代的标准器物，这类器物基本上具备了同时期或同时代同类器物的共性特征，然后将出土的其他同类器物，与已经确定的标准器物进行对比，或同已知同类器物的特点相对照，从而对器物的年代作出判断。金银器的器型、纹饰，都是时代的产物，离不开社会的文化背景，具有每个时代的特征和风格的共性，这是断代的依据。

1. 碗

这是金银器中最常见的器皿。东汉时期银碗多为半球形，腹较深，略

呈弧形，平底、素面，底稍向内凹入，或直口又弦纹一道，基本上是高钵式的形制。唐代出土的金银碗较多，形制多样，装饰繁复、华丽，有圆形、多曲花瓣形、花口带盖形等，有的碗还带有把手。银碗的纹饰部分均鎏金。宋代多银制碗，一种为鎏金龙纹银碗、敞口、圆腹，高圈足略向外撇，外壁以铸印工艺制成对称的凸兽面纹图案。也有一种素面的银碗，银板模式压制成，圆口，微弧腹，下焊圈足，圈足焊接严密结实。元代的金银碗较为典型的是一种夹层大银碗，口沿外翻，圆腹、矮圈足，夹层间距由口沿至底逐渐增大。口沿部由里层往外翻卷与外层叠压，外层底心透刻一朵梅花，似为宋代夹层底工艺的延续。元代银碗上多有银匠的戳印记号及刻名文字。明代金银碗上多为敞口，卷边沿，深腹、圆底、圈足，装饰纹样多为牡丹、灵芝等，银碗的纹样部分鎏金，形制与瓷器中的镇物杯相仿。

2. 盘

目前所知最早的银盘是秦鎏金刻花银盘。北朝时有萨珊、罗马制作的银盘传入中国，多采用模压法，主纹呈浮雕状、西亚风格鲜明。唐代金银器大量出土，形制多样，有圆形、多曲花瓣形（四至十曲）、菱形、桃形（含双联桃形）、荷叶形等。盘底有平底、圆底、矮圈足、三足、四足等多种；多为铸、压成形，锤、压纹饰。五代金银盘承袭唐制，更趋于生活化，宋代多银盘，体形有莲瓣式，浅腹、平底，腹部多作六角形。元代金银盘多为圆形、板沿、卷边、浅腹、平底，或素面，带刻铭，或錾刻回纹，底部压印梵文或凸花。明代银盘较典型的有圆形、莲瓣形体，纹饰有六曲、七曲或八曲之分，宽沿、鼓腹、平底。

3. 杯

早期的银耳杯类似汉代漆制耳杯，形如元宝，两端上翘，杯底有椭圆形圈足，造型雅致。唐代四金银杯形制多种多样，有常见的圆口圆形杯，也有花口花形杯，如花瓣形、荷叶形、多棱形等，也有带把杯，下端有平底无足、圈足和高足之分。圈足与器底多为焊接。宋代金银杯的造型较富变化，有鱼耳圆形、重瓣菊花形、柳斗形、荷叶形、多菱角形，甚至有做成人物形的。元代金银杯有半球、半柿形，或带柄，或无柄，带柄的多为做成后焊上去的。明代有一种与元代相似的高足杯，大口、口缘微外侈圆腹，喇叭式的高足杯。另有一种敞口、深腹、圆底、圈足、素面的银杯，较为朴素，清代宫廷礼仪用杯富丽豪华，如金嵌珠宝"金瓯永固"杯，红、蓝宝石镶嵌，纹饰繁缛精致。

除常见的碗、盘、杯器类外，盒、壶、簪等都能找到比较明确的发展序列。

观察器物首先要熟悉各个时代金银器的风格，或古朴简约，或雍容华贵，或秀美典雅，或繁缛富丽，其纹饰和制作工艺也具有不同的时代特征。详细参见后面金银器发展历程和工艺等章节的记述。

由于金银器除自身的价值外，还融合了历史、艺术、科学等内涵。随着经济的发展以及人们对文物认识的提高，金银器的收藏逐渐升温，发现了一些金银器的复制品和仿制品。一般来说，复制品均按古代实物进行复制，其外形、纹饰均与原器极为相似，有些甚至能以假乱真，很容易迷惑收藏者。仿制器物的形体或装饰纹样一般都有依据，但仿制时大多经过改绘或改型，然后拼凑成新的器物，这就是最大的破绽！收藏爱好者只要掌握了各地出土和收藏的历代银器资料，各时代银器的器形特点、装饰特点及制造工艺等，然后对器物逐项观察分析、仔细揣摩，自然可明辨真伪。

第二章
历史回眸——金银器发展历程

　　世界上最早的黄金制品出现于公元前5000年的古埃及，最早的银器则出现在公元前4000年左右的美索不达米亚。随后，希腊、罗马、波斯萨珊王朝等都开始了对金银器的广泛使用。金银文化在中国的发展历程也可谓悠久而辉煌。早在距今约3000余年前的商周时期，就已经出现了金制品。略后的春秋战国时期，则开始了对银制品的使用。总之，我国古代金银器的使用经历了一个漫长的过程。

第一节
先秦两汉金银器

黄金隆重登场

在中国文明萌现之初，金银器的审美价值大大超过了其实用价值，这或许与金银较青铜密度大、质地软、更富有美丽色泽以及易于加工和产量稀少等特性有关。所以，先秦金银制品多表现为美化人们外观的装饰物，是由其自身特征和当时的社会状况所决定的。

科学发掘的资料证明，我国最早的金制品萌现于夏代，但还只是极个别的例子，直到商代，金器开始有了一定范围的分布。从具体的出土情况来看，主要有：河南郑州商代二里岗期上层墓葬内出土的金叶；河南安阳殷墟十多处遗迹出土的金叶、金片、金箔；河南辉县琉璃阁商墓出土的金片、金叶、金箔等；北京平谷县刘家河商代中期墓出土的金臂钏、金笄和金耳环；河北藁城台西商代墓出土的金箔；山西永和、保德、洪洞、石楼后兰家沟等地商墓出土的珥形金饰、金丝等；山东益都苏埠屯商墓出土的金箔以及四川广汉三星堆商代遗址出土的包金杖、包金面具和虎形金饰以及成都金沙遗址出土的金面具、金冠带、人形金箔、太阳神鸟金箔、鸟首鱼身金箔、金喇叭形器、金盒形器等。

西周时期金器的出土地域大致与商代相同，如浚县辛村西周墓出土的金片、包金铜器；三门峡虢国墓地出土的12件黄金带饰；河北迁安县小山东庄西周早期墓出土的金耳环、金臂钏；天津蓟县张家园西周墓出土的金耳环；辽宁朝阳魏营子西周墓出土的金臂钏；山西曲沃北赵村晋侯墓地出土的两组分别为15件和6件的金腰带饰，等等。

从商周金器的出土范围来看，南北地区是不均衡的，主要分布于黄河流域的中原以及北部、西北部的广大地区，是当时文明程度最高的地区。四川广汉三星堆出土的金器引起了学术界的高度重视，因为这是迄今在长江以南的广大地区唯一一次发现的商周时期金器，其造型和风格所涵盖的不同于中原、北方金器的诸多文化意义，值得深思。

商代金器比较集中地出土于作为统治中心的都城内，例如河南郑州商城和安阳殷墟的大型墓葬中不乏金器随葬品，墓主主要为王侯或贵族，说明当时的金器基本为上层统治者所享用。从种类上看，在商王朝统治中心区发现的黄金制品，大多是以薄金工艺加工成方形、圆形、三角形的金片、金箔、金叶等，再包贴于其他质料物品上作为附属性装饰，器件虽然薄小，但应用却颇为广泛，加工也相当精巧，如在河南郑州商城出土的金叶上，压印着清晰的夔龙纹；河北藁城台西村商墓出土于漆盒朽痕中的半圆形金饰正面，刻画了当时青铜器上常见的云雷纹，显然原本是用作贴于漆盒表面的金箔。类似在漆木器上饰以金箔的工艺延至西周仍有使用，如北京琉璃河西周燕国墓地出土的一件漆觚，其上饰有三道金箔饰品，被认为是我国最早的金平脱制品。

在商王朝北部和西北部地区发现的金饰品，主要是人身佩挂的纯金首饰，以1977年出土于北京平谷县刘家河商墓的两件金钏以及金环、金笄等饰物较具代表性。这批金饰不但器型完整，而且集发饰、耳饰、臂饰等于一处而成为系列被发现，殊为珍贵。经鉴定，这几件金饰含金量高达85%，只含有少量的银和微量的铜。值得一提的是，此墓出土的青铜器与中原地区出土的青

金钏

铜器形制相似，其为商代边远地区的墓葬无疑，故出土的金器，应是商代边远地区少数民族制品。

近几十年来，在商朝王畿西北一带的山西西部和陕西北部的商代大墓中也陆续出土了一种穿有绿松石、形状卷曲如云、盘绕似蛇的金珥形饰品。以山西石楼县后兰家沟出土的3件饰品为例，其一端尖卷如涡纹，另一端较平，出一细丝尾柄，串珠后再从中部弯曲斜下，尖部折上呈乙形，造型颇为奇特，也当是边疆少数民族制品。

综上所述，商代金饰由于形制和功能的差异，在具体使用上有着较为显著的地域差异。作为商王朝统治中心的中原地区流行的金饰，是贴于其他物件表面的附属物，显然更重于对"物"的装饰；而殷商北方或西北方流行的金饰则多直接用作人体的缀饰品，显然更重于对"人"的装饰。应该说，这种差别的造成与两地区使用者不同的生活习惯有密切关系。

第二章 历史回眸——金银器发展历程

北方及西北地区的游牧民族，逐水草而居，以贵重的黄金制作用于人体的装饰品，既美观，又能珍藏，因而多见金钏、金笄、耳环等成型金饰。而作为商王朝统治中心的中原地区，是传统的农耕区，人民生活稳定，礼乐炊饮之具，尽可陈设于室内，故黄金多被加工成包贴于器物表面的极薄的金箔或金皮。值得注意的是，商代金饰的地域特征，或商人使用金饰的观念，沿续至西周仍无大的变化。迄今所见，以河南三门峡虢国墓地出土的金玉佩饰以及12件金腰带组饰、山西曲沃北赵村晋侯墓地出土的两组分别为15件和6件的金腰带组饰为例，可知西周晚期墓中虽已出土有成形的金腰带组饰，但西周统治中心区的周原凤雏出土的金饰，仍多见为装饰建筑材料或铜矛、车衡、铜泡表面的金箔或金片，未见单纯的金器。可见周与商虽然族属不同，但问鼎中原后在某些工艺习俗上却是趋同的。

知识链接

金银器的科学价值

1. 造型设计上的科学性。陕西西安何家村和扶风法门寺地宫中出土的镂空香囊，机环与香盂可随重力作用保持盂面与地面呈平行的状态，这种持平装置，完全符合陀螺仪的原理，而陀螺仪在欧美到了近代才发明，现已成为航空、航海中必不可少的仪器，中国早在1200年之前已使用了这一原理。

2. 制作工艺上的科学性。江苏苏州出土的元代银镜架，由前后两个支架构成，可自由折合，镜架的雕作工艺以"收桃"技艺为主体，纹饰细如毫发却丝缕清晰，并且难以看出相接的凿痕。故宫珍藏的银累丝花瓶，采用高超白花丝工艺，使银瓶具有织锦般的华丽和柔软的质感。这些鬼斧神工般的技艺反映了金银器制作工艺高度的科学性。

3. 表现内容上的科学性。乾隆时期制作的金嵌珠天球仪详细地表明了南北极、赤道、子午圈、地平圈，还用珍珠代表 3242 颗星星，并组成 300 个星座，这是西方天文学与中国古代天象观相结合的产物。河北汉中山靖王刘胜夫妇墓中发现四枚金针、五枚银针，就是古代医书记载的"九针"，为研究我国传统医学提供了实物资料。

金银器的价值是多方面的，富有丰富的内涵。有的器物侧重于历史，有的侧重于艺术，有的则侧重于科学，也有的历史、艺术、科学三方面都很突出。只有对其综合分析，才能充分认识其价值。

金银器的缓慢发展

秦汉时期，建立了充满蓬勃朝气的统一帝国，商品经济有了飞跃发展。在商品经济的刺激下，手工业取得了令人瞩目的成就。金银开采业与制造业的规模不断拓展，除了传统的范铸、锤揲成型外，焊缀金珠工艺也开始盛行。北方匈奴金银器采用的掐丝等工艺逐渐普及到了中原、南方地区。金银制造业除了官营外，豪富之家也开始私自制作包括金器在内的金属器。

秦汉时期的统治者听信方士的蛊惑，认为使用金银器可以益寿延年，金银器被蒙上一层神秘的面纱，致使秦汉时期金银器风靡一时。金银器的应用范围也不断扩大，既有带钩、车马器、金银饰品，也有印章、医疗器具、玉衣丝缕、铺首、权衡器、食具等，涉及社会生活的许多方面。随着丝绸之路的开通和海外贸易的频繁，西方金细工艺开始传入中土，为后来唐宋金银器

第二章 历史回眸——金银器发展历程

高度发展打下了基础。

秦代时间较短，金银器数量不多。仅在秦始皇陵车马坑出土了一些马车的金银饰件，有金当卢、银制弓弩架、鸭嘴形银钩、错金银铜达常、金节约等，通过这些金银饰件，可以看到秦朝金银器制作已使用了铸造、焊接、掐丝、嵌铸、锉磨、抛光、多种机械连接及胶粘等多种工艺技术，而且达到了很高的水平。

嵌铸的金器

其中的金当卢，高9.8厘米、宽4.1厘米、厚0.4厘米，为车马饰件，呈叶形，正面铸阴线卷云纹，背后有鼻纽四个，作系缀之用。

1980年，山东淄博武乡窝托村西汉齐王刘襄墓陪葬坑出土了一件刻有铭文秦始皇"卅三年"（公元前214年）鎏金盘龙刻花银盘，制作精细，装饰讲究。银盘内底錾刻三条首尾相接的夔龙，口沿和腹外壁分别錾刻三组龙凤纹，并只对纹饰部分鎏金。银盘上的铭文，是目前所知唯一一件年代明确的秦朝银器，也是年代最早的"金花银器"。盘内外錾刻有龙凤纹，是采用鎏金、錾刻技术的典范，代表了秦代金银加工的工艺水平。

陕西省宝鸡县石羊庙出土了一件秦代错金银铜蟠螭纹提梁壶，为盛酒用器，高21.5厘米，口径8.5厘米；半环纽球盖面，子母口，溜肩鼓腹圈足，肩部有兽首衔环一对，龙首提梁；壶外壁饰错金银和镶嵌绿松石组成的蟠螭纹。

两汉时期，金银器的数量种类都远远超过先秦时代，分布范围更广，遍布北方、中原和南方地区。河北、河南、山东、江苏、安徽、湖南、广西、广东、陕西、甘肃、吉林、内蒙古、新疆、云南等地都有金银器出土。重要墓葬有河北满城西汉中山靖王刘胜墓、河北定县东汉刘畅墓、江苏甘泉东汉广陵王刘荆墓、江苏徐州西汉宛朐侯刘执墓、广东南越王墓、湖南长沙五里牌东汉墓、山东曲阜九龙山崖墓等。金银器中最为常见的仍是饰品，如耳饰、项饰、腕饰、头饰、带扣、冠饰、动物造型饰件等，另外还有车马器、带钩、器皿、金印和金银医针等。金银器皿不多，容器类大多为银制，金质容器较少见。这一时期金银器皿的器型较简单，多为素面。细拣出土之物，大致可看出汉代金银器概貌。

  1968年，河北满城陵山西汉中山靖王刘胜墓出土金器12件、银器77件，如著名的金缕玉衣、长信宫灯、错金博山炉等，此外还有金带挎、金饰片、银马面具、银铺首等。但最引人注目的是墓中出土的一批由金、银制成的医疗器具，反映了2000多年前我国在医术和医疗器械制造方面的先进水平。这批医疗器械由用于针灸的金、银医针和一套银制灌药器组成。作为医疗器械的金银针共4枚三种，形制各有不同，主要有三种不同的用途：用法不一，三棱形的为锋针，用于放血；尖锐的为毫针，用作针灸；圆钝的为银针，用于点刺穴位。银制的灌药器则由带长流的小银盒及银漏斗组成；灌药器通高3厘米，口径6.4厘米，流长6.6厘米。药盒外形如匜，桃形矮圈足，浅腹，敞口微敛，口沿处有一长流。盒盖上饰有四圈凸弦纹，中心为一乳钉。盒盖与盒身之间有活动环纽相连。银漏斗形器，高5.2厘米，口径3.8厘米，重66克，漏斗状，敞口，侈沿，口沿平折，斜腹，尖底，漏口为扁圆形，器身中部饰宽带凸弦纹一周，纹饰采用锤压法做出。通体光素，不做其他装饰，制作规矩，小巧玲珑。此漏斗与长流银盒相配合，适用于病人危急时灌药抢救。

  刘胜墓还出土了一件精工铸造的错金博山炉，富丽堂皇，是一件罕见的错金铜器瑰宝。此熏炉用于焚香，高26厘米，由炉盘、

错金博山炉

炉盖、炉座组成，通体错金丝。炉盖缕雕成山峦起伏状，人和虎、豹、猴等动物置身其间。圈足以镂空龙形为饰，龙头承托炉盘。墓中出土的椁壁饰件——龙凤纹银铺首衔环，造型别致，纹饰细腻流畅，形制之大、用料之多、制作之精，在汉代贵金属饰品中是罕见的。以上文物在一定程度上反映了西汉金银制作工艺的水平。

泛滥的金银生活用具

春秋战国时期，社会变革带来了生产、生活领域的重大变化。过去形式呆板、千篇一律的王室之器逐渐衰落，代之而起的是造型新颖、华丽轻巧、方便实用的日用器。

由于对金银矿藏知识的增加和开采技术的提高，使得金银产量大幅增加，银开始被利用，再加上王公显贵日益崇尚以金银装饰的器物，刺激了金银制造业的发展。这一时期金银器已由装饰性配件转为实用性配件，独立器件大量出现，器物种类用途广泛，制造工艺和造型艺术也达到了新的高度。

考古出土显示，春秋战国时期金银器分布区域明显扩大。从金银器艺术特色和制作工艺来看，南北方金银器风格迥异，差异较大；中原地区与匈奴少数民族地区的风格也迥然不同。河北、山东、湖北、浙江、辽宁、陕西、新疆、内蒙古等地均有春秋战国时期的金银器出土。但更集中在以秦国为主体的西戎区、以匈奴为代表的北方部族区、以荆楚为主体的长江流域，以及东边濒海的齐鲁故地。这些地区出土的金银器，形制及种类较多，在功能作用上也较以往有所变化。除了金银饰件，还出现了金银器皿，代表了当时中国金银工艺发展的新面貌。

鎏金凤鸟纹银盘

这一时期青铜工艺的新发展，也造就了金银器的崭新面貌。错、镂、镶、鎏金等新创工艺的普及，使得金银器的装饰效果更趋向华丽，尤其是大量错金银器的出现，成为这一时期工艺水平高度发达的重要标志。金银制作区域的扩大，金银制品种类的丰富，特别是北方匈奴部族令人叹为观止的精细工艺，都昭示着中国金银工艺第一个高峰的到来。

春秋战国时期金银器出土的主要墓葬有：陕西宝鸡益门村2号春秋晚期墓，出土金器104件，有串珠、带钩、带扣、环、圆泡等装饰品以及剑柄等兵器，总重量约3000余克；陕西凤翔春秋墓，出土了金鸟、金兽、金带钩；河南辉县固围村战国墓，出土了银车马器、银带钩；山东沂水刘家店春秋中期墓和河南辉县琉璃阁春秋晚期墓，出土了金剑柄；山东临沂商王村战国墓，出土了银盘、匜、耳杯、勺、匕、金耳坠等12件金银器；山东曲阜战国墓，出土了银带钩、猿形饰和金带饰；河北平山中山王墓，出土了马车上的金衡饰、银带钩、银俑灯；江苏涟水三里墩出土了战国兽形金带钩、银匜；湖北随县曾侯乙墓出土金盏、金杯、金镇、带盖金鼎等；浙江绍兴306号战国初期墓出土了玉耳金舟；山东淄博齐王墓随葬坑出土了三件鎏金银盘。

这一时期，金银器仍具有浓厚的青铜器图案装饰色彩，制作工艺基本为青铜器冶炼、铸造工艺的移植和延伸，但鎏金、鎏银、金银错技术开始盛行。最早的鎏金实物是绍兴狮子山墓出土的春秋晚期的"鎏金嵌玉扣饰"。山西长治分水岭、河南信阳长台关楚墓也都出土了战国时期的鎏金饰物，可见鎏金技术已经是常用的工艺。

1979年，山东淄博齐王墓随葬坑出土的一件鎏金龙凤纹银盘，工艺高超，是这一时期鎏金工艺的精品。鎏金龙凤纹银盘高5.5厘米，口径37厘米，口沿及内外壁各錾刻六组龙凤纹图案，二方连续构图，形象较抽象，宛如几何纹；内底部錾刻蟠龙三条，均首尾勾连，迂回缠绕，线条流畅，疏密适宜，錾刻纹饰处均鎏金。边沿下部及外底有计重、计年共四组铭文，估计是分为几次刻成的。铭文为判断制作年代提供了佐证，也对研究当时的衡制具有重要的历史价值。

金银错工艺是在青铜器上做金银图案纹饰的一种精细工艺,一般有两种做法。第一是镶嵌法,它源于商代铜器上的错红铜,通常是先在青铜器表面铸出或錾刻出凹槽,嵌入红铜丝、红铜片,锤打牢固,再打磨光滑,用两种金属的不同光泽凸显花纹,突出装饰效果。金银以其特殊美丽的光泽,代替了红铜,很快在战国时的铜器上兴盛。第二种是涂画法,即将金银放入水银内,加热制成"泥金",将泥金在青铜器上涂出各种错综复杂的图案纹饰,也有的涂在事先铸好的凹槽之内;然后烘烤加温,使水银蒸发,金银图案纹饰就固定在青铜器表面了。

金银错工艺普遍用在铜器的纹样、文字装饰上。青铜本身的质地,再加上金光闪闪的黄金和银光熠熠的白银,使得器物显得异常华丽。大量错金银器的出现,几乎成为这个时期工艺水平高度发展的一个标志。

1978年,河北省平山县出土了大量精美的错金银制品,造型生动,形制复杂。下面介绍的四件,是河北省平山县出土的这一时期错金银制品的代表性作品。

错金银青铜犀牛,通高22厘米,长55.5厘米。犀牛颈以下至尾部均装饰嵌错金银涡纹,犀牛呈半蹲状,四肢弯曲且着地有力,昂首远视,双目圆睁,犀角竖立,长尾略下垂。犀背正中一柱,为灌注酒的饰件,两边饰兽面纹。

错金银青铜龙凤案座,通高36.2厘米,长47.5厘米,案框为正方形,框边上满饰嵌错如云头的纹饰,外侧为错银纹饰,内侧为错金纹饰。案座由四龙四凤纠结而成,正方形的案框上分别焊接四条龙头,龙头承托案角。圆环底座呈半圆形状,由四只卧鹿承托。龙、凤、鹿周身满饰嵌错金银纹饰。此器铸造工艺复杂,造型繁而不乱,是一件极其珍贵的工艺美术品。

错金银青铜虎噬鹿器座,通高

古代银币与银首饰

21.9厘米，长51厘米。造型为一猛虎扑食幼鹿，虎口衔鹿身，柔弱的鹿回首作挣扎状。鹿、虎周身满饰嵌错金银花纹。此器物表明，青铜线刻工艺的发展对金银工艺的发展也产生了重大的影响。

错银双翼铜神兽，高24厘米，长40厘米。神兽四肢弓曲，利爪外撇，撑地平稳有力。前胸宽阔低沉，两肋生翼，臂部隆起，后尾斜挺，昂首向左作咆哮状，呈前进姿态。口、眼、耳、鼻、毛、羽均用银勾勒。全身以漫卷的云纹为主要纹饰，长翼上弓饰长羽纹，尾饰羽片和长毛纹，背部有鸟纹。此器物形象矫健有力，设计严谨，刻画细腻。

春秋战国时期，金银器的使用成为普遍现象，白银开始被大量利用。不仅人体装饰件流行，就连马车、兵器上也装饰上了黄金。这一时期金银车饰、剑柄、带钩大量出现。

1977年，河北汉中山靖王墓出土了两件金龙首衡帽，为车衡两端的帽饰。长9.8厘米，直径3厘米。龙头造型，龙首较长且直，龙目大睁，眼珠以银镶嵌，额头有一凸起的叶形饰。鼻上卷，鼻梁上有三道横纹，长嘴微启，利齿交错。耳为桃形，两角呈八字形附在头顶。颈部略束，带一圆形小孔和一周弦纹。此件龙首衡帽轮廓清晰，线条洗练，在艺术造型上达到新的高度。

知识链接

黄金的选购与检测

第一，要选择有信誉的品牌企业，绝不要贪图便宜选择无品牌商贩，而且黄金价格比较透明，明显低于市场价格的要提防上当。

第二，购买黄金制品时，切记要发票，这是保障消费者权益的核心。

第三，如有疑问可以及时检测，国家技监部门下属的黄金珠宝检测机构在各大城市都有分布，检测黄金珠宝饰品成分比较容易。

第四，选择投资金条、金块等黄金制品，要选择承诺回购的正规商家，质量可以保证。

国内对于黄金制品的检测标准很严格，而且正规商家从原料购买到存储，再到加工、销售，整个环节监管一般都很规范。国内各大品牌、各大渠道的投资金条销售，一般都可以回购，而在回购时必须破损，再用火枪喷射，金条变成了"金疙瘩"，再用黄金检测设备进行检测，有问题一验便知。而且黄金金条实际上制作工艺比较简单，从技术上不会出现问题，但黄金首饰工艺相对复杂，少数企业可能在焊点等极细微的小问题上存在黄金成色的争议，但不是掺假的问题，消费者不用担心。

专业鉴定机构一般通过两种方式对金、银制品进行鉴定，一种是无损检测，即通过光谱等物理方法鉴定，对商品不造成任何外观上的影响；第二种则是有损检测，将商品切面提取物质进行化学鉴定。我国对于足金的含金量要求是990‰，千足金则是999‰，甚至还有999.9‰的高纯度金。其中，高纯度金必须采用化学方法鉴定，其余可用物理方法。由于"金无足赤"，纯度再高的金条、金饰都含有杂质，因此，只要含金量达标，国家对于杂质内是否含有钨、铱等元素并未作出明确规定，并不是说金条内含有钨、铱等元素就是不合格的，关键还是要看最后的含金量。即便金条、金饰品中含有钨、铱这两种密度与金类似的元素，鉴定机构仍能通过专业的化学手段将其识别，绝非难以检测。

首饰上出现斑点，一种可能是黄金饰品的含量上有问题，可能是黄金上粘附的铁末氧化生锈，导致颜色变深，但不属于假货。随着首饰加工的工业化，在对黄金饰品进行加工时，难免接触到铁质工具，而部分铁末可能会随之带到黄金制品上，变成斑点。此时，可以将首饰拿到金店，请技师用火烧烧，或者时间长了，这些铁锈会自行脱落。注意，如果是含汞的东西，包括女士用的化妆品，某些品牌的婴儿沐浴露，都会直接或者间接地造成黄金饰品变色。

第二节 隋唐五代金银器

金银器的疯狂时代

隋唐五代金银器，自20世纪50年代起屡有出土，直到70年代以后陕西西安南郊何家村、江苏丹徒丁卯桥、陕西扶风法门寺三次大发现，才真正揭示出唐代金银器的真实面貌。

西安南郊何家村发掘出两瓮唐代窖藏文物，200多件金银器皿使人们眼界大开，按用途可分为食器、饮器、盥洗器、药具、杂器和饰件，制作工艺多以捶揲成形，配以掐丝、铆焊、鎏金等，是过去从未见过的出土数量最多、制作最精的唐代金银器物。其精湛的工艺、优美的造型、华丽的纹样，展示出唐代金银器制作的崭新风貌和高度成就。何家村遗宝中带明确纪年、时代最晚的是刻有"开元十九年（731年）庸调"字样的银饼。

银香炉

江苏丹徒丁卯桥的银器窖藏出土银器近千件，包括烹调器、盛器、食器、饮器和饰件等。绝大多数器物上都刻有"力士"二字，器物的形制、纹样，表明它们是中晚唐时期的制品。

陕西扶风法门寺出土金银器121件（组），器皿类包括盆、盒、波罗子、羹碗、碟、香炉、香囊、茶具、钵盂、瓶，还有菩萨像、宝函、如意、芙蕖、钵盂等。

西安南郊何家村出土的唐代金银器，仅容器类就几乎超过以前所知唐代金银器皿数量的总和，埋藏时间应在公元8世纪中叶或略偏晚，展示了唐代前期金银器的整体面貌。江苏丹徒丁卯桥和陕西扶风法门寺的发现代表了唐代后期金银器风格，不仅建立起唐代金银器的完整序列，还反映了南方和北方的地区差异。

过去探讨唐代手工业制品，经常以日本奈良东大寺"正仓院"收藏的珍宝为资料，因为那些物品中有许多是当时遣唐使、留学生、僧人等从中国带到日本的唐代精品。何家村遗宝的发现使这一状况得以改变，而法门寺的发现也填补了这项空白。东大寺正仓院珍宝的来源主要是日本天平胜宝八年（756年）光明皇太后奉献的圣武天皇生前的宝物，部分藏品有入藏时留下的"国家珍宝账"等献物账。法门寺地宫内的宝物多来自皇室，咸通十五年（874年）镌刻的"应从真寺随真身供养道具及恩赐金银器物宝函等并新恩赐到金银宝器衣物账"石刻记载着奉献的理由，物品的来源，器物的名称、数量、尺寸、质地、形状和特征。两批宝物和当时的记录分别代表了唐代前后期手工业产品，相得益彰地勾画出唐代手工业发展的轨迹。

金银器制作是唐代各种手工业中最具代表性的行业，造型、纹样囊括了其他材质器物的主要特征。除了何家村、丁卯桥、法门寺三批重大发现，其他窖藏、墓葬、寺院遗址中的金银器，在隋唐、五代也明显增多。隋代李静训墓随葬金银器20余件。西安和平门外唐代居住址出土7件鎏金银茶托，陕西耀县柳林背阴村窖藏发现16件银器皿，西安东郊沙坡村窖藏出土15件银器皿，江苏扬州三元路西金银器窖藏则出土大量金银首饰，浙江长兴下莘桥窖藏出土100余件银器。河南偃师杏园唐墓、陕西西安东郊西北国棉五厂唐墓、浙江临安明堂山水邱氏墓、洛阳齐国太夫人墓都出土有金银器。五代十国时期的金银器也发现一些，四川成都前蜀王建永陵、浙江临安板桥吴越国吴氏墓和杭州雷峰塔都出土有银器。

这个阶段的金银器发现以窖藏出土为主，墓葬随葬品次之，也有塔基内出土的贡纳品。目前唐代金银器皿的发现状况是，公元8世纪中叶以前的制品主要出土于北方中原地区，能够确定的南方地区的遗物很少。公元8世纪中叶以后的制品出土于南方的数量大增。这些金银器具有极高的学术价值，器物的形制，直接关系到人们的起居生活、风俗习惯；器物的装饰，反映了人们的思想意识和审美情趣。金银器的发展演变，不仅宏观地展示了唐代中国物质文化的历史，也涉及政治经济军事背景、社会的兴衰以及与外来文明的关系。

唐代金银器皿类的大量出现有多种原因。首先是唐朝经济发展以及管理机制的变化使唐代金银器制作的原料得到保证。《新唐书·地理志》载：唐代产、贡金的府州73处，产、贡银的府州68处。采矿的经营分官府和私人两大系统，允许私人采矿是唐朝的基本政策。政府鼓励民间开采金银，并从税收中获益，促进了金银矿业的开发，金银产量之高前所未有。伊阳的一个银矿每年交税银就达千两之多，不少州府固定要交纳金银，也可以用银来代替其他税收。当时的银矿有的蕴藏很丰富，河南的桐柏围山城的银矿就有唐代至清代采掘的遗址。唐代银器经过测定的纯度都很高，一般在98%以上，可见唐代银的冶炼技术十分先进。政府征收金银时，一般用浇铸和锻造方法制成一定的形状，如铤、板、饼、锭等。西安市北郊八府庄出土一件银铤，呈长方形的板状，一面刻"专知诸道铸钱使兵部侍郎兼御使中丞臣杨国忠进"，另一面刻"中散大夫使持节信安郡诸军事检校信安郡太守上柱国尉迟严信安郡专知山官丞议郎行录事参军智庭上天宝十载正月日税山银一铤五十两"。山西平鲁出土的金铤，有长条形、长方形和长饼形，其中长条形金铤刻有"金贰拾两铤专知官长员外同正"字样。何家村窖藏也出土很多银板、银饼等。从西安南郊出土的一件银铤所刻"打作匠臣杨存实作下作残银"可以看出，进入官府的普通银还会进行再次加工。

银铤

唐代皇室贵族对金银器的崇尚所导致的需求，直接促进了金银器的制作。唐初有人声称能制造出人工金银，大臣封德彝便引用汉代故事，向高祖李渊进言用金银器为食器可得不死。李德裕更直截了当地劝说敬宗李湛："臣又闻前代帝王虽好方士，未有服其药者。故《汉书》称黄金可成，以为饮食器则益寿。"他担任浙西观察使时，不遗余力地向皇室进奉金银器物。何家村窖藏出土的大批金银器，不少用于储藏丹砂、石英、金屑、金箔等物，很可能与"延年益寿"的观念有关。从唐代明确规定一品以上的高官贵族才可以使用纯金的食器来看，当时对金银器皿的崇尚已经渗透到社会等级观念之中，更增添了金银器的诱惑力。尽管考古发现在一品官以下的墓葬中也有许多金银器，可见政府关于等级的规定并没能有效实施，这反倒说明人们已有浓厚的益寿、升仙、等级意识，以致有些人敢于违规行事。对金银器的崇尚和求索，扩大了社会需求量，使金银器物成为宫廷斗争、外交活动、军事战争等方面收买、赏赐的主要物品。一些权贵人士也通过进奉金银器得到帝王的宠幸，金银器制造越来越精美。

作坊的兴盛为唐代金银器的制作提供了充足的技术力量。公元8世纪中叶以前，唐代金银器制作基本由中央政府和皇室垄断，十分明确的机构是掌冶署和金银作坊院。公元9世纪，唐皇室作坊文思院兴盛，技艺高超的能工巧匠，几乎被强制性地征调到官府服役。在官府作坊中，来自各地的有熟练技术的金银工匠相互学习、取长补短，加之原材料充足，生产条件优越，产品不计成本，故能全心全意地进行创作。官府作坊的产品制成后，参与者的姓名按身份由低到高刻在器物上，进行严格的监督、检验，产品质量极大提高。唐代还制定了教授、培养后备人才的制度，金银器制作者要学习四年并通过严格的考核，方能成为正式工匠；官府工匠的后代优先被选择继承父业。至少在中晚唐时期，南方地区一些府州设有金银制造作坊。江苏镇江丁卯桥窖藏出土银器近千件，且同类器物重复率极高，绝大多数未经使用。许多器物造型一样、尺寸相同，显然是订做或出卖的商品，还有许多残次品、半成品以及大量作为原料的"银铤"等，应该是唐代浙西官府金银器作坊的遗物。浙江长兴下莘桥窖藏出土金银器约一百件，同类遗物亦大量重复，是个体作坊的产品。此类遗物是前所未见的。

外来文化则对金银器的发展起到了推波助澜的作用。唐代的长安、洛阳居住着来自突厥、回鹘、波斯、吐火罗和粟特等国的人，他们享有与唐朝人一样的待遇，开设自己的宗教寺院，与中国人通婚，甚至当上唐朝的官吏。异国的商人们还乐于居住在河西走廊的城镇，以便直接获取自己的利益。都城长安的市场和河西走廊成为推销外国物品的主要地点，也是文化交汇融合之地。外来物品给唐人带来了新奇和丰富的想象，启发、改变了人们的思想和行为，为唐代金银器的创新发展提供了契机。

知识链接

识别白银的造假、掺假方法

夹馅，又称吊铜、卧铁，多见于银宝、银锭及大元镯子的造假、掺假。其作假过程为：一是将银锭用钢锯锯开，挖去中间的银子，将铜填入后用焊灯焊好，再用白矾水煮使焊缝处变白即成；二是在铸造时将铜铁凝固到里边。鉴定这类银制品的方法除听音、称重等外，有时还需锯开。因银锭内包有铜、铁后，其声音一定不贯通，且高而尖，帮边底部虽有蜂窝但不自然，有的面部有肿起现象，体大质轻，用酒精烧传热慢。有了这些疑问时，就应锯开查看了。

包铜的银镯子比正常银镯轻，且硬而有弹力。经折弯即有皱纹，用錾子轻轻錾即可露馅。

灌铅也多见于元宝和银锭的造假。其作假过程为：在银宝翅下边或底部用钻挖空，将熔化的铅液灌入其中，然后用银将钻口补住，用锤锤平，表面与真元宝一样，翅下封口处多用戳记掩盖；从底部灌铅的，封口处的蜂窝因由人工改制，孔小洞大，浅而圆，不自然，敲击时发声沉闷，传热慢。其最大弱点是灌铅银宝遇火烧，宝锭未红铅即流出。

金银器是用贵金属制成的，而贵金属本身就具有极高的收藏和保存价值，再加上金银器的制造极为复杂，因此，相对于其他质地的器物，金银器在时代上的伪作现象要少得多。一般伪造金银器最常见的是在材料质地上作假，如以铜、铅等冒充金银或以鎏金银器假冒真金银器等，以此谋取高额利润。只要掌握了上述鉴定要领，假质地的金银器是不难被识破的。

近年来，在欧洲等地也出现了一些唐代金银器的复制品和仿制品。一

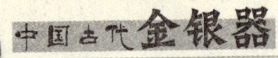

般来说，复制品均按出土实物进行复制，其外形、纹饰均与原器酷肖，很容易迷惑鉴定者。若非对原器相当熟悉并进行过反复揣摩，是很难识别其真面目的。仿制器物的形制或装饰花纹一般都有所依据，但仿制时大多经过改绘或改型，然后拼凑成新的器物。这两类器物的作伪水平虽然都很高，但是只要掌握了各地出土和收藏的历代金银器资料、各时代金银器的器形特点、装饰特点及制造工艺等，然后对器物逐项观察分析、仔细揣摩，其作伪的破绽和漏洞就很容易发现了，自然可得出真伪的结论。

古朴沧桑的器物时代

隋唐五代时期，金银器在数量、种类及形制、纹样等许多方面都发生了演变。

隋代金银器发现不多，代表性的器物出土于李静训墓中，有金高足杯、银高足杯、银碗、银盒、银盘、银勺、银筷、金项链、金手镯、金指套等。其中金、银高足杯的形制不是中国传统器物的造型，即便不是外来物品，也是仿造品。金项链和金手镯可能是西亚或中亚输入的产品，因为类似的物品曾发现于巴基斯坦、阿富汗和北印度地区。李静训葬于隋大业四年

高足杯

(608年），是一个年仅9岁的女孩。墓中除金银器外，还有珍贵的玻璃器皿等。李静训的曾祖父李贤，在丝绸之路重镇原州（今宁夏固原一带）等地任高官，其墓已在固原发现，墓中出土萨珊银器、玻璃器皿和镶宝石的戒指等。李静训墓中的金银器与她的家世有关，反映了中西商品贸易的交流已有多年的历史。

唐代金银器可分为公元8世纪中叶以前、8世纪中叶至8世纪末、9世纪三个发展变化阶段。

公元8世纪中叶以前是飞速发展阶段。这个阶段的主要器类有高足杯、带把杯、分曲在五曲以上的多曲长杯和折腹碗，蛤形盒也常见，还有壶、锅、铛、瓶等。其中高足杯、带把杯、多曲长杯等器物在中国传统器形中很难看见。盘、盆类的器物以圆形为主，也有一些呈菱花形，少量为葵花形。壶类多带三足。

纹样盛行忍冬纹、缠枝纹、葡萄纹、联珠纹、绳索纹边。花纹纤细茂密，多用满地装饰的手法。流行珍珠地纹，即在器物表面用圆錾刀錾刻出细密的小圆圈，排列整齐，作为主题纹样的地纹。另外，还流行宝相花、卷云纹、云曲纹等。此类纹样多与器物的形制有关，即纹样的样式与器体造型相适应，宝相花一般装饰在圆形器物上，如盒、碗、盘等，卷云纹和云曲纹多作为边饰使用。

器物的体积小，但比较厚重。绝大多数器物采用捶揲技术制成，器表先制出凸凹变化的纹样轮廓，再錾刻纹样，纹样錾痕粗深清晰而连续。许多银器通体鎏金。

唐代前期金银器兴盛的一个特殊原因，是受到随着丝绸之路繁荣而来的西亚和中亚等外来金银器的强烈影响。北朝迄隋，中原王朝的统治者已经较普遍对西域及西方诸国有了更多的了解，并认识到中西之间商路的重要。唐太宗时打败了西突厥，在伊犁河下游、楚河、锡尔河和阿姆河流域一带置瑶池都督；又置昆陵、濛池二都护府，使这一地区归属唐朝。贞观九年（635

年）唐太宗派大将李靖、侯君集、李道宗等出征，大败占有今青海和新疆南部、扼制中西交通要道的吐谷浑，使之归顺唐王朝。贞观十三年（639年）侯君集进击高昌，次年高昌降，占据了曾使商胡被其遏绝的高昌之地。贞观十八年（644年）郭孝恪又以兵力迫使焉耆臣服。贞观二十一年（647年），郭孝恪及阿史那社尔率兵进击龟兹，次年即破。

贞观年间，唐朝对西域的五次重大军事行动及其胜利，打通了唐王朝与西方交往的商路，为加强、巩固这一具有重要政治、经济、文化意义的东西通道，唐朝将安西都护府自高昌移至龟兹，下统龟兹、于阗、碎叶、疏勒四镇。龟兹归唐后，西突厥亦遣使来唐，唐太宗曰："'西突厥已降，商旅可行矣'，诸胡大悦。"唐高宗、武则天时期，国内稳定，与西方诸国和地区之间大的冲突减少，中西交通成为经常性的活动。吐鲁番阿斯塔那191号墓出土的调露二年（680年）送波斯王"名册"、100号墓出土的永淳元年（682年）

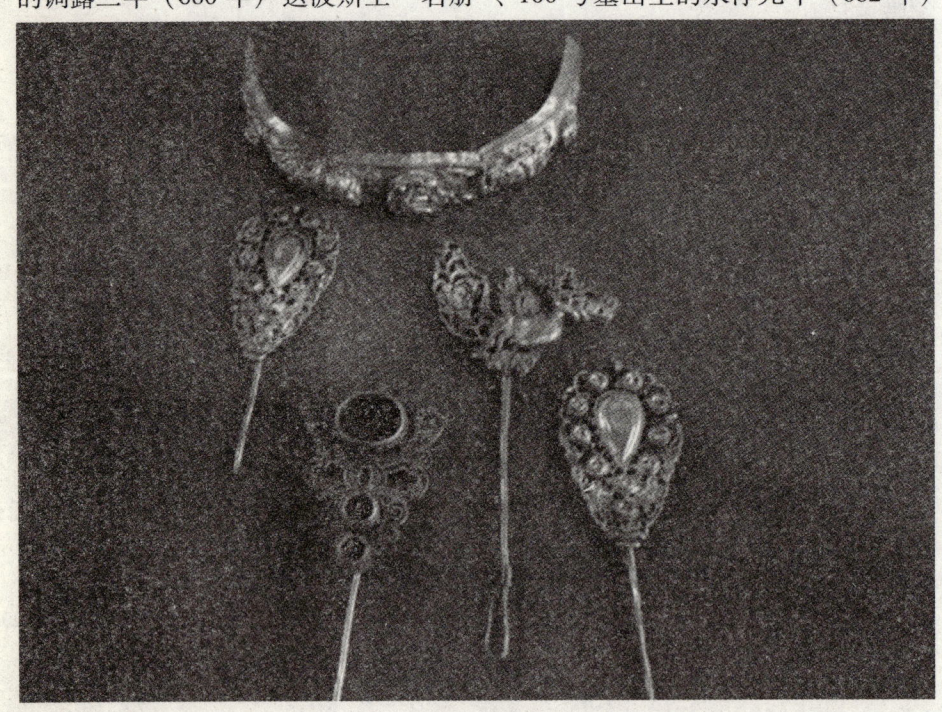

唐朝金器

氾德达飞骑尉告身和延载元年（694年）氾德达轻车都尉告身，敦煌石窟发现的"景云二年（711年）张义君告身"，斯坦因第三次中亚探查所发现的记有"波斯军"的文书，都表明唐朝与西方来往关系的密切。中西交通日益繁荣，必定会对西方器物有较多的接触和了解并带入西方的器物。唐代及以前发现的外国输入的金银器，在唐初显露出对金银器制造的影响。西方盛行的捶揲技术逐渐被唐代工匠掌握，有些器物在器胎上嵌贴凸凹起伏的花纹片使整体为半浮雕式，更是直接学习了中亚粟特、西亚萨珊和地中海沿岸东罗马等金银器皿的做法。

公元8世纪中叶至8世纪末是唐代金银器制造的成熟阶段，基本摆脱了外来文化的直接影响，完成了金银器的中国化进程。这个阶段高足杯、带把杯及五曲以上的多曲长杯极少见到。新出现了各式壶，流行葵花形的盘、盒，器体多作四五曲花形，忍冬纹、葡萄纹、三角纹、绳索纹、卷云纹、云曲纹基本消失。宝相花纹仍可以见到，折枝纹、团花纹兴起。纹样更为写实，分单元布局，留出较多的空白，显得疏朗大方。少数器物上虽然尚残留与西方金银器相似的地方，但不是直接来自西方金银器的影响，继承的是前期器物的特点，并有所发展。器物的形制和纹样多是既不见于西方器物，也少见于中国传统器物的创新作品。

公元7世纪中叶，唐朝的经济飞速发展，生活富裕丰足，浮华、奢侈之风渐起，尤以统治阶层更甚。鉴于金银宝物的泛滥，唐玄宗继位后，为维护、巩固李唐的统治，于开元二年（714年）七月的《禁珠玉锦绣敕》中称："朕欲捐金抵玉，正本澄源。所有服御金银器物，今付有司，另铸为铤，仍别贮掌，以供军用。"《隋唐嘉话》载："开元始年，上悉出金银珠玉锦绣之物于朝堂，若山积而焚之，示不复御用也。"可知开元二年以前，至少在皇室内有大量的金银器物。开元初，毁化金银器为铤，必然会使金银器制作业受到打击。唐代金银器这一停滞期究竟有多长，目前无法准确推断但这是一个非常重要的时期，唐朝国势强大和经济繁荣都达到了高峰，学术、文化出现了各种流派、风格，这一社会背景自然会对金银器的创作产生影响。在金银器制造技术方面，中国工匠已经掌握了诸如捶揲等西方工艺，又经历了从公元7世纪到8世纪初百年间的生产实践，完全摆脱了西方模式而按自身民族化的方向发展。新一代工匠所受的盛唐文化熏陶，与早期工匠受"胡化之风"的影响不同，当金银器制作再度兴起时，就以一种新的面目出现了。

南北方风格的差异

隋和唐初的开放精神，使传统风习中增加了许多标新立异的事物。总体上看，唐初金银器制造受西方文化影响较大，公元8世纪中叶基本完成了中国化过程。生产制作情况是：公元8世纪中叶以前主要由北方中原的中央官府和皇室作坊生产，以西安、洛阳为中心的唐代金银器，代表着正统风格；公元8世纪中叶以后，地方官府和民间私营作坊兴起，并主要出现在南方地区。

如同唐代陶瓷器等其他遗物都有南北两大系统一样，金银器也显示出区域性风格。不过，金银是珍贵而高级的用品，原料的开采、冶炼受到地区条件的限制。器物制作工艺复杂，只能在特定的地区由少量专门工匠承担，产品供少数人享用，因此金银器的南北区别并不十分明显。另外，唐代前期金银器主要由官府控制生产，优秀的工匠为中央和皇室所录用，产品的统一性很强。无论考古发现或史籍记载，都证明公元8世纪中叶以前金银器制作中心在北方。西安是唐代都城所在地，也是金银器出土最多的地区之一。

金银器南北风格差异，根据目前资料只能比较清楚地了解中晚唐以后的情况。"安史之乱"后，中国经济文化大规模南移，金银器的制造随之在南方地区开始兴盛。生活环境和历史传统的不同使人们的审美意识产生差异，社会经济结构的变化也影响着

"文思院造"的金龟

制作者为自身利益而迎合社会需求，逐渐显露出以西安、洛阳为中心和以江浙为中心的南北两大生产地，但金银器形制、纹样和制作上的南北风格，并非完全不同。对考古出土的遗物，目前尚难确定隋和唐代前期产于南方的金银作品。各地的工匠受中央官府征调，也使地方的作品进奉到中央，使器物混在一起难以分辨。即便是中晚唐以后，南北便利的交通和频繁的往来，也不会形成明显的区域性文化差别。所以，只能从总体看到不同地区金银器的群体特征。

  北方金银器产品在陕西扶风法门寺地宫中大量存在，其中最主要的是刻有"文思院"字样的器物。"文思院"是皇室作坊，职责非常明确，主要就是制造金银器，故毫无疑问这些器物制作于北方地区。带有"文思院造"字样的器物有银盐台、银茶碾子、银茶罗子、五足银炉、银如意、银手炉、素面圜底金碗、银锡杖。此外，明确制造于北方地区的器物还有陕西蓝田杨家沟出土的双凤纹花瓣形银盒，盒外底部刻"内园供奉合咸通七年（866年）十一月十五日造使臣田嗣莒重一十五两五钱一"字。陕西西安西郊未央区鱼化寨南二府庄出土宣徽酒坊银注壶，器物圈足内的器底刻有"宣徽酒坊咸通十三年（872年）六月二十日别敕造七升地字号酒注壹枚重壹百两臣杨存实等造监造番头品官冯金泰都知高品臣张景谦使高品臣宋师贞"字样。陕西耀县柳林背阴村出土的宣徽酒坊莲瓣纹弧腹银碗，碗外底刻有"宣徽酒坊宇字号"字样。陕西西安和平门出土的左策使宅茶托，圈足内侧刻"左策使宅茶库金塗拓子壹拾枚共重玖拾柒两伍钱一"。这些器物形成了公元9世纪北方中原地区器物群。江苏镇江丹徒丁卯桥出土的950余件银器、浙江长兴下莘桥出土的100余件银器、浙江临安水邱氏墓出土的38件银器，是目前南方地区主要的三批遗物。将北方中原地区器物群与南方器物群相比较，就能看出金银器物制作的原材料、工匠集团、生活习俗、地理环境、文化传统等方面的不同，导致北方与南方器物存在差异。

  中晚唐的金银器皿普遍流行多曲瓣器形的做法，南北风格并不完全相同。南方器物的曲瓣十分醒目，如丁卯桥的素面多曲银碗、素面菱花形银盘、双瓣葵花银茶托、葵花形银茶托，刻意强调器物的弧曲变化，使口沿凸凹明显，整体造型如盛开的花朵。北方产品中的曲瓣却比较含蓄，如法门寺的折枝纹葵花形银盘，虽然也都是五曲瓣形，但分瓣处只是微微内凹，整体感觉仍是圆形。两者之间的微妙区别能从大量器物的比较中感受出来。

第三节 宋元金银器

金银器的商品化

在具体的运营机制上，两宋时期的金银行业采取了完全放开的政策，更为灵活通便，顺应了形势的发展。宋初，金银采冶业主要靠民营，官府虽不具体经营，但在重要矿冶中心均设有"监"、"务"等管理机构，主管征税事务。南宋时，朝廷诏江浙金银坑冶，允许百姓自行采冶金银，以十分为率，官府收取二分，其余八分任由采冶者自由买卖交易。比之北宋时，金银采冶者的利益空间又有扩展。

两宋时期，丰富的矿藏资源和顺乎形势的管理机制以及由此而衍生出来的巨大开采能力，成为商品化金银器大量涌现的重要前提。

由于宋代金银器制作业多为民营，故有不少作坊和工匠为了维护商业信誉或行业竞争，往往要将坊、匠名及产地，刻印于金银器上，似有标榜名牌产品的意思。如四川德阳出土银器上有刻镌或书写的"周家造"、"孝泉周家打造"、"庞家造洛阳子昌"等；江苏溧阳平桥银器上的"李四郎"、"张四

郎"等；浙江永嘉宋代窖藏银器上的"蔡景温铺"、"兴贤吴铺"、"京溪供铺记"、"陈宣教"、"任七秀才造"等；成都彭州窖藏金银器上的"张十二郎记"、"吉庆号"、"罗祖一郎"等。宋代金银器上多见自许的"郎"的工匠称谓，一般认为这是同唐宋时期民间男子多以辈次称郎并冠以姓氏的风俗相一致的。此外，在银器上还常有标明成色的记录，如"古家煎银十分"、"周家十分"、"汪家

银矿石

造十分"、"张家十分"等。有的银器亦有使用者或收藏者等表明所有权的铭记内容，如"沈氏行状"、"沈宅"、"马氏妆奁"、"冯宅"、"陇西郡董宅"、"史氏妆奁"、"东海郡逊娘置"等，都应属特意定制的商品。

既然是商品，就不可避免地存在着竞争，这就促使金银工匠要不断创新，制作出为人们喜爱的各式新颖产品，以适应需求。如福建邵武故县出土錾刻《踏莎行》词的宋代鎏金八角杯、江西乐安发现的分别刻有王禹《黄州竹楼记》和欧阳修《醉翁亭记》的两件银牌，其款记卓有文采的诗文内容及抑扬有致的书法意味，已充分展现了作者不凡的人品修养和独特的个性，故其已非一般物勒工名式的匠作款，而是具备极高文化品位的艺术作品题款了。由此不难想象，在宋代金银器商品化竞争的背后，必然存在着适应不同文化层次需要而竭尽巧思的制品，借以维护并巩固自身的商业名誉。

宋代金银器的商品化，还可引宋人吴自牧《梦粱录》卷十三"铺席条"的记载为证，当时首都临安一地，"自五间楼北，至官巷南街，两行多是金银盐行交易，铺前列金银器皿及现钱，谓之看垛钱"。看垛钱的作用，一方面固然是炫耀资本，另一方面也以此清算债务。金银器的自由经营，也使金银器的使用大有泛滥之势，以至宋汴京（今开封）会仙酒楼中，"止两人对坐饮

酒,亦须用注碗一副,盘盏两副,果菜碟各五片,水菜碗三五只,即银近百两矣"。甚至连脚店三两次打酒后,酒店"便敢借与三五百两银器。以至贫下人家,就店呼酒,亦用银器供送,有连夜饮者,次日取之。诸妓馆只就店呼酒而已,银器供送,亦复如此。其阔略大量,天下无之也"。

两宋时期是中国封建社会发展的最高阶段,其物质文明和精神文明所达到的高度,在中国整个封建社会历史时期之内,可以说是空前绝后的。唐代晚期,金银制造业南方系统的崛起,成为宋代金银工艺持续发达的起点。诚如北宋大臣富弼所说:"朝廷用度,如军食、币帛、茶盐、泉货、金、铜、铅、银以至羽毛、胶漆,尽出九道(按:即两浙、江东、江西、淮南、湖南、湖北、福建、广东、广西九道)。朝廷所以能安然理天下而不匮者,得此九道供亿便之然尔。"

正是由于两宋时期江南社会经济的持续、普遍、高度的发展,具体反馈到贵金属制造业,则表现为东南乃至全国金银原料收入量史无前例地提高。据元丰元年(1078年)的统计,当时全国25个州的金矿收入量达1万余两,银矿年收入量更高达21万余两,其中南剑州、信州、潭州和虢州四州银产量最高,已达全国总收入量的66%。所以南宋时,汉族政权尽管退居南方,但金银制造业并没有明显的衰落迹象。不仅如此,在灵活机制的激励下,单就白银而言,南宋半壁江山的产量甚至超过了北宋统一时期全国的总量。迄今所见,存世南宋或南方出产银器在数量上远远超过北宋或北方银器,就是很好的证据。

近半个世纪以来,大宗宋代金银器的考古发现几乎都集中于长江流域,如1959年四川德阳宋代银器窖藏出土银瓶、匜、尊、壶、盏托、杯、炉、盒等100余件;1960年,江苏镇江甘露寺铁塔塔基出土北宋元丰元年王安礼施舍银函;南京江浦黄悦岭南宋张同之墓出土银瓶、盒、盂、盘、盆、碗、盏、高足杯、钵、缸、渣斗及金

金代银器盖

镶玉钱等 20 余件；江西彭泽北宋元祐五年（1090 年）易氏八娘墓出土浮雕花叶纹金耳环、镂刻双狮戏球及缠枝花纹银梳；南京幕府山宋墓出土霞帔金坠（简报定名为鸡心形饰）、蝌蚪形金饰、龙凤如意金簪、金丝栉背及鎏金银盒共 10 余件；1977 年，江西乐安南宋银器窖藏出土盘、杯、瓶、壶、匙、勺及刻有北宋王禹偁《黄州竹楼记》与欧阳修《醉翁亭记》内容的银牌；江西遂州北宋郭知章墓出土金佩饰 13 件；1980 年，福建邵武故县宋代银器窖藏出土杯、盘、盅、碟、勺、镯、袖箍、钗、簪及其他佩饰共 140 余件；1981 年，江苏溧阳平桥宋代银器窖藏出土盏、碟、盘、盆、瓶、盒等 27 件；1985 年，湖北蕲春宋代金器窖藏中出土簪、钗、首饰冠花、带、耳坠、铤等共 50 余件；浙江瑞安北宋慧光塔出土银瓶、鎏金舍利瓶、鎏金银塔、银葫芦等；浙江衢州南宋史绳祖墓出土金簪、银丝盒、八卦纹银杯、八角形银杯、银碗、银梅瓶等；1991 年，四川绵阳银器窖藏出土盏托、盘、盏、瓶、壶、盆、盒、耳环、鼎等共 35 件；1996 年 4 月，成都彭州宋代金银器窖藏出土金杯、碗、盏、钗、簪等 27 件，银碗、盘、杯、盏、瓶、壶、盆、钵、盏托、熏炉及各类首饰共 323 件。能与上述不完全统计的宋代金银器在南方的大宗出土记录相符的发现，在北方只有 1969 年河北定县两座北宋塔基出土的金棺、银椁、银塔和缠龙银瓶等。此外，山东莒南宋代银器窖藏出土钵、匜、盏、碗及鎏金银狮也堪称是一次比较重要的发现。但这两宗发现在整体上也都还难与南方出土的宋代金银器相提并论。

平民尚且如此，统治阶级更是奢华侈靡。宋朝统治者虽然多次颁发禁断金银器的诏令，但都是一纸空文。如南宋孝宗赵昚虽然严申禁断金银器，但到了淳熙八年（1181 年）赵构生日时，却一次密进黄金酒具二千两。可

金代银盘

见，金银禁令虽严，皇室却不在禁断之列，一纸空文又难以对民众有所约束。

金银器天生娇贵，自古以来都是权贵皇族特享的奢侈品。然而，自唐代晚期开始，随着南方金银制造业的崛起，金银器已经开始步入民间。宋代以后，随着商品经济的大发展，金银器全面走向世俗化、商业化，乃至酒楼妓院及稍有经济能力的平民百姓也能无所顾忌地使用金银器，以往笼罩在金银器之上的神秘而尊贵的光环已逐渐褪色。因此，宋代商品化金银器发展的过程，同时也是中国古代金银器由贵族阶层走入民间社会的过程。

知识链接

金银器的种类和收藏方法

饮食器中有杯、盘、壶、盏、碗、提梁壶等；盥洗器中有匜、盆等；陈设观赏器中有薰炉、香薰、瓶、挂屏、盆景等；宗教祭祀器中有造像、葬具、法器等；颈饰有项链、项圈、排圈、长命锁等；耳饰有耳环、耳坠等；胸腰坠饰有腰链、腰带、腰牌等。

藏友们在收藏金银器时一定要注意金银器藏品需要保持其完整性，像银手镯、筷子就必须成对购买。又如颈饰中的项圈与长命锁最好完整收藏，如果头饰、发饰、颈饰和手饰等是配套的，也最好别买单件，因为收集或投资全套金银器的价值将远远超过单件之和。而实用性较强的金银饰品，更要注意保持其功能性、艺术性，以不缺不残的原配件为佳。此外，金银饰品放置年代久后，必定会有一层氧化后形成的泛黑包浆，平日要注意用酒精或不含氟的牙膏等化学成分较少的清洁剂清洗。在收藏中，还要避免挤压，因为金银饰品质地略显柔软，用力过大，就会导致金银饰品的变形，影响其整体的美观程度。

辽国金银器

两宋时期，少数民族建立的政权，如辽、西夏、金、大理等国的金银器也较多，其制作不同程度地受到唐宋金器的影响，同时又有浓郁的民族特色，展现出异彩纷呈的景象，其中以辽代金银器的发现为最多，在内蒙古、辽宁、吉林和河北等地均有发现。

1979年，内蒙古赤峰市洞后柯辽村辽代窖藏中发现了两件鱼龙提梁壶和一件鸡冠壶。鱼龙提梁壶又叫摩羯提梁壶，摩羯以龙首鱼身为特征，曾是印度传说中的异兽，传入中原以后，又与民间流行的"鱼龙变化"的说法相结合。摩羯纹是唐代金银器上常见的纹饰，传入宋代后，契丹人对它表现出浓厚的兴趣，将提梁壶腹部制作成直立的鱼龙一对，这是模仿唐代银器而做的。

鸡冠壶，又叫马蹬壶，是契丹民族的形制，造型仿契丹族的盛水皮囊，以适应游牧生活便于马上携带，呈底大上收的皮囊状，银壶的两侧壁由底向上收合，前聚成向上直伸的圆形壶口，后侧聚成上缘呈鸡冠状的扁耳，耳上穿有用于挂系的圆形透孔，原可能有一链与前面的壶口上盖子相连，但现已散失。由于底大上收，全壶造型稳定，不易倾倒，壶口小而颈长，因此壶体摇动时，壶内的液体不会泼出，看来这件银壶是为流动性很强的马背生活的人们而精心设计的。

鸡冠银壶虽然形制是契丹民族的，但仔细观察，发现壶壁上錾饰卧鹿，并衬托山石花草及鱼子纹，显然是从唐代移植而来的。类似的现象在辽人早期的金银器中屡有反映。如内蒙古敖汉旗李家营辽墓出土的猎豹纹鎏金

鸡冠银壶

银盘和錾花透雕金带饰都有唐代遗韵。而辽宁建平、新民辽墓出土的一批金银器，如凤形金耳饰、人物鱼舟金簪、金镯、银花银冠等，均为辽境工匠制作，地方民族色彩很浓厚，凤凰、孔雀等禽类纹饰仿唐制。

辽代晚期金银器出土于内蒙古巴林右旗窖藏和库伦旗墓葬中的八棱錾花银执壶、柳斗形银杯、荷叶敞口银杯、二十五瓣莲花口银杯、海棠形錾花银壶等，则完全是中原形制。特别是库伦旗墓葬中出土的鎏金银带，隐起的行龙和云纹都是宋代模式。辽代金银器的演变过程，反映了辽金银器日益受中原汉文化的影响。

在辽代陈国公主与驸马合葬墓中，陈国公主和驸马的葬服各具特色。公主脸上覆盖的金面具，纯金制成，呈半浮雕状，按公主生前的面貌而制，脸型丰满，抿唇，上额舒展，呈现出契丹族年轻女性的特点。头戴高翅鎏金银冠，采用银片锤制焊接成型，为圆筒形弧顶高冠，通体鎏金，以镂空手法在冠体镂饰繁复的纹样。冠的左右两侧各竖立一弧形长翅，上饰云凤纹，冠的正面镂雕双凤纹，正中上方为一颗火焰珠，周围衬以卷云纹和缠枝花叶纹，连绵蔓卷布满银冠。冠顶有一双层莲花座，上端坐一拱手的道教造像，这反映了契丹族是一个崇佛信道的多信仰的民族。公主双耳戴珍珠、琥珀缀饰的金耳环，颈挂银丝串边的珍珠项链，腰系金跨丝带一条，丝带已朽，仅存八件龙纹金带跨。腰部左侧挂有一镂空金荷包，由两片形状大小粗细的扁桃形金片以细金丝缀合而成。公主左右手共戴十一枚錾花金戒指，

银盏托

左腕套缠枝花纹金镯一对，右腕套双龙纹金镯一对。脚穿银靴一双，银靴用薄片锤成两片靴筒和一片靴底，然后用银丝缀合而成。在靴筒两侧各錾展翅飞翔的凤鸟一对，四周饰以变形云纹，靴面左右又饰一只长尾凤，昂首展翅，所錾纹饰线条自然流畅，布局协调优美，部分纹样鎏金，更显得银靴的精致考究。公主随葬的这些金银饰品，数量可观，工艺讲究，反映了契丹贵族奢华的生活。

驸马的金面具颧部突起，下颌尖削瘦长，面容安详，为契丹贵族男子的形象。头上所戴的鎏金龙珠纹银冠，与公主所戴的颇不相同。金冠由16片镂刻的银片重叠组合，银丝连缀，插入冠箍。每片银片大体上呈如意云形，上饰卷草纹、云纹、鳞纹等，均镂刻鎏金。冠体正中有一银片饰道教人物形象。冠的正面饰有对凤，用银钉钉缀，围绕对凤的上下左右，缀以鎏金银圆形冠饰，共22件，各饰件上錾刻有凤鸟、鹦鹉、鸿雁、火焰、花卉等不同纹样，内容丰富。驸马腰系金跨银铤蹀躞带，蹀躞带是北方游牧民族男子流行的饰件，用于悬挂各工具或饰品。此带右侧下方挂有錾花银囊、玉柄银锥、玉柄银刀各1件，左侧则挂有錾花银囊、琥珀银刀等物。其中玉柄银锥，配有鎏金银鞘，出土时银锥头仍尖锐无比。

除上述两套金银葬服外，墓中还出土金花银盆、银盏托、银鞍、银唾盂、银粉银奁盒等。整个墓葬中的随葬品用金约1700多克，银约1万余克。叩开辽墓之门，简直走进了一座金银宝库，这些金银器在花纹图案、凸花、镂空等制作工艺上，受唐代和同时期宋代金银器工艺的影响，同时在造型、连缀等方面具有鲜明的契丹民族特点。

此外，1992年7月1日，被盗的内蒙古赤峰市阿鲁科尔沁族罕庙苏木的辽代皇族显贵耶律羽之墓，200多件珍贵文物被追缴回来，其中金银器数十件，主要为生活用具，食器和马具如双鱼鸿雁纹五曲金碗、鎏金孝子图折肩罐、鎏金高士图七棱杯、鎏金双凤纹五曲银盘、鎏金双鸳团花银渣斗、鎏金龙纹万岁台银砚盒、鎏金摩羯纹银碗、鎏金绶带花结亚字形银盒和鎏金双狮纹菱弧形银盒等。根据墓志上太宗会同四年（941年）的纪年，可知这是最早的一批辽代金银器。其中有件鎏金龙纹万岁台银砚盒很特别，龙呈浮雕形，下饰大海，盒上方书"万岁台"三字，内装砚台，砚台内放置一根箍有银饰的毛笔。从"万岁台"三字和龙纹来看，此砚应是皇帝的御用品，可能是辽太宗耶律德光赐与宰相耶律羽之的。

精美绝伦的元代金银器

元代短暂的统治和分而治之的政策，使得元代的金银器时代色彩并不十分突出，而是更多地沿袭着以往不同的习俗。游牧民族地区的简洁、实用，中原及南方的汉民族的细腻、精美，是当时金银器的突出特点。

明帝国是中国历史上唯一的一个从南方向北方进军最终夺取政权的帝国。明代金银制品的制作中心在宫廷内和长江中下游，许多器物体现的时代、民族特征清晰，政治、宗教色彩较浓。清代是中国封建社会最后一个朝代，保留的皇室金银器最为丰富。明清的金银器具多镶嵌宝石，注重华美，陈设用品增多，制作巧妙，工艺精湛，更有文玩趣味。

能够代表元代金银器制作水平的还是南方的金银器，虽然种类、形制、纹样和制作与宋代金银器多有相似之处，但种类中增加了很多的陈设、文房和梳妆用具，而且更为精美、生动，具有很高的艺术装饰性和观赏价值。

元代的金器较宋代多见。吕师孟墓有金器五件（组），合肥窖藏有金碟6件、金杯4件；临澧窖藏有金杯7件（其中单耳瓜形金杯、葵花式金杯、梅花式金杯2件、鼓腹圆金杯2件、高足雕花金杯）。其中，吕师孟墓中的金盘、金带饰最为精致。特别是金盘，采用如意头式花瓣纹组成菱花造型，边缘凸起。满盘錾饰十六朵形态各异的花朵及连绵的缠枝叶蔓。金盘盘体由四个如意头式花瓣两两相对，构成优美的菱花形。盘心有四个组合在一起、凸出于底面的小如意头式花瓣，有"事事如意"之意，同时饰以牡丹、月季、

石榴、莲花、菊花等十六朵形态各异的花朵，并以缠枝叶蔓将花朵连接起来。这件金盘以纯金制成，成色达95%，是一件难得的元代金制器皿。工艺制作是先用金片捶揲出花瓣构成的基本器形，边缘凸起，线条流畅，再在盘内錾刻繁花似锦的花卉，使盘的整体层次分明，富于变化，具有浮雕效果。这件苏州一带有代表性的金制品佳作是用于陈设观赏的。金带饰的方形边框内以捶揲和镂刻技法做出高浮雕状缠枝花果，花果共五个，中间一个，四角各一个，形象逼真，排列有序。花果间以悬浮于底面的缠枝叶蔓连接，异常精美。缠枝叶蔓大都游离于底面之上，花果也高高凸起，细部精心雕刻。由于采用了高浮雕的技法，立体感、厚重感极强，充分显示出黄金细工特有的表现力。同类饰物在墓中共出土7件，有的为长方形，制法、纹样基本相同。

对金器的追求使得鎏金银器也依然盛行。吕师孟墓出土的鎏金银盒为多曲花瓣形，盒上托一浅盘，盘中央錾刻双凤纹，盒外壁錾刻牡丹，纹样鎏金。湖南益阳关王村银器窖藏发现有鎏金瓜棱形银盏、鎏金高足杯、鎏金龙錾银杯。福建泰宁窖藏发现有鎏金瑞果纹圆形银盘、鎏金云龙纹椭圆形银盘、鎏金狮戏绣球纹八棱体银盘、鎏金夔龙狮球纹八棱体银杯、鎏金行龙折枝花卉纹银杯、鎏金"寿比仙桃"银杯、鎏金香草龙纹银耳投壶，工艺十分精细，鎏金的部位极其精确，很少溢出。

元代的高足杯是非同一般的器物，不仅多为金制或鎏金，也是北方少量器皿中最多见的器类，且南北都有，很值得关注。北方的高足杯器形较大，内蒙古镶黄旗乌兰沟墓葬出土的金高足杯，侈口，深腹，高圈足，口沿和圈足底边为卷棱，口径10.5厘米，高14.5厘米，底径6.2厘米，重153.3克。

錾花鎏金银壶

乌兰察布盟征集的高足杯与之相同，还装饰着花纹，口沿和圈足边饰化纹带，腹部錾刻四组花纹，内底有荷花。南方的高足杯则矮小而精致。益阳关王村窖藏发现的鎏金银高足杯，浅弧腹，口沿和圈足底边饰卷草纹带，杯腹内饰繁茂的花叶，内底饰两枝折枝花卉。其高7.5厘米、口径7.7厘米、足径4.2厘米、足高3.8厘米，重75克。临澧新合窖藏发现的金高足杯口径5.2厘米，高仅6.5厘米，形制更接近唐代的高足杯，纹饰却有了许多不同，上腹部以云雷纹为地饰兽面纹，下腹部和圈足的上部饰蕉叶纹和水波纹。

金坛窖藏里的梵文银盘是少见的时代特色突出的器物，在目前已发现的元代银器中尚属孤例。盘口沿刻一周回纹，内底中间敲制出八瓣仰莲，花芯和莲瓣内压印梵文，莲花周围饰以法器降魔杵。这件银盘的纹样均采用佛教艺术的题材，是十分罕见的器物装饰，具有浓厚的宗教意识和神秘色彩。银盘外底刻阿拉伯回历纪年铭文，是回历714年1月（1314年）的纪年，为元代中期。

元代南方金银器的造型和装饰承继着宋代的风尚，模仿佳花瑞果的器物更加逼真。临澧窖藏中的瓜形金杯，杯身如半剖的香瓜，做出瓜棱、瓜脐，以瓜叶上托出的小瓜为柄，形象生动。吕师孟墓中的水盂体呈柿形，盖如柿蒂，盖柄如柿梗，盖下接小勺，既实用又具观赏性。不仅杯、碗、盘、盒的口、身等形制仿梅花、莲花、菊花、葵花、荷叶，追求赏心悦目，甚至有些器物的把柄也只是为了装饰，并无实用功能。益阳关王村窖藏的鎏金瓜形银杯侧边以镂空的如意几何为把，鎏金圆

银碟

杯以飞龙为把。临澧新合窖藏的瓜形金杯以瓜叶上托一小瓜作环把，瓜形银杯以三片瓜叶附以弯曲的瓜藤作环把，银杯外附兽形把。此类把多为装饰，不能受力承重。此时的动物形象也十分生动。金坛窖藏器物中的蟠螭银碗外壁饰一浮雕蟠螭，螭首伸出盏口成为提手。螭双臂扶沿，前爪搭于沿边，螭体环绕碗身。内壁阴刻云雷纹。外沿下刻"范婆桥西徐二郎花银"九字，为私人作坊产品。此碗利用外壁装饰的蟠螭使器物造型显得厚重而活泼，富有生机，为元代银器中的精品。

元代的银制妆奁用具比宋代更加精美和完备。安徽六安夫妇合葬墓以菱形刻花百子银奁盛装梳妆用具，银奁内置三层：第一层装铜镜一面；第二层装木梳一把、银粉盒四件、铜粉具一件；第三层装银胭脂碟一件、银粉缸一件、银胭脂罐一件、银粉盂两件、银粉具两件、银蝴蝶饰一件、银狮形饰一件，以及有柄铜镜一件、角梳四把、黑漆盘一件、钱币四十枚。这些银器与福州南宋黄昇墓所出多有相同，而装有各种梳妆用具的菱形刻花百子银奁又与苏州张士诚母曹氏墓出土的近似。张士诚为元代末年一度割据姑苏的吴王，其母曹氏墓葬规模大，随葬品丰富，均为元代的高级用品，特别是齐全、成套的梳妆用具，弥足珍贵。六瓣葵花式的大银奁也分三层，内盛银镜、银粉盒、银梳、银篦、银叉、银匕、银柄刷、银水罐、银剪刀、银碟等，还有金银钱四十八枚。这应是元代贵妇人日常生活中的实用器具。

曹氏墓的银镜架更是难得的发现。镜架由前后两个支架交叉组成，后架为主体，上部为如意式顶背，雕镂双凤戏牡丹图案和卷草纹，顶端是阔叶衬托的葵花；中部的正中为团龙，龙两侧雕镂牡丹，牡丹上下镂有菱形窗式图案；底部为横梁，以可活动的方板与前支架相连并起固定支架的作用，板心的六瓣花形边框内饰浮雕状花鸟。前架上横梁置活动方板，方板的另一端以双钩勾连后架，形成斜面承放镜体，板心的六瓣花形框内锤出浮雕状玉兔、蟾蜍、灵芝。架体横梁的两端均饰云头。银镜架仿木制框架结构，设计新奇。其装饰技法是在支架上包镶银皮，再在银皮上敲制出精巧的纹样。后支架上、中部的装饰系一块银皮制成，竖杆、横梁处捶打成半弧形，錾凿而成的繁缛细腻的纹样看上去犹如模制，足见工匠的手法娴熟，功力极深。所饰的团龙、牡丹及鸟雀花草等纹样，象征着至高无上、富贵荣华和喜添祥瑞。此银架用于承镜，既可立放，又能折合，设计精巧，美观实用，是一件极为珍贵的元代银器精品，也是元代银器工艺的代表作。

　　元代是很注重金的成色的，钱裕墓的金器无论出自"邓万四郎"，还是由"陈铺造"，都特别标明成色为"十分赤金"。许多金银制品上也刻有制造作坊和工匠的名字，如合肥窖藏中发现的三件金碟、四件金杯、五件银壶上均刻有"章仲英造"的铭文，四件刻"至顺癸酉"，四件刻"卢州丁铺"。"至顺癸酉"为元文宗至顺四年（1333年）。这是一批制作工匠、作坊、时代明确的遗物。钱裕墓出土金银器以素面器物为主，形制多样，是元代民间的日常生活用品，金杯、簪、箍形饰压印有"邓万四郎……金"，金带饰三件和银瓶、银盒、银匜、银唾盂、银筷、银匙、银匕压印有"篠桥东陈铺造"或"陈铺造"字样。虽然"邓万四郎"和"陈铺造"分别出现在不同的物品上，但带流杯底和木梳银栉背压印有"陈万四郎"，或许二者为一家，金银器皿、饰品都制作。而无官的乡绅所能置办的家用当在本地制作。金坛县湖溪窖藏发现的五十余件银器多带有"沈万贰郎"、"董乙郎"、"林子成"、"张四郎"、"陈子禾"、"朱五郎"等银匠的戳记。银镯还带有"集庆阳四"、"金陵姚记"、"高口记"、"鲍浪记"、"花银"、"十分银"等银铺号和银子成色的印记。此外，还有"时宅行嫁"、"葛华甫宅顿丘郡记"、"范婆桥西徐二郎花银"等字样，足见元代民间的银器制造延续着宋代的风习。根据这些铭文，可确认一些名不见经传、却留下优秀作品的工匠。元代还出现了一些技艺超群且留下姓名的工艺大师。浙江嘉兴的朱碧山，以善制精美的银器而颇负盛名，作品曾受到元代文人的歌咏称颂。现藏于北京故宫博物院带有"朱碧山"题款的银槎是体现其造诣的杰作。

知识链接

黄金的分类与计量方法

1. 黄金的分类

黄金分布的范围很广,存在于铜和铅矿中,存在于石英矿中,存在于河流的沙砾中以及硫化矿中(硫化铁)。其实海水中也有惊人的金矿含量,但是利用海水来采集黄金是非常不经济的。

黄金按其来源的不同和提炼后含量的不同分为生金和熟金。

(1)生金。生金亦称天然金、荒金、原金,是从矿山或河底冲积层开采的没有经过熔化提炼的黄金。生金分为矿金和砂金两种。当矿石含有天然金时,金会以粒状或微观粒子状态藏在岩石中,通常会与石英或硫化物的矿脉同时出现,这称为脉状矿床金或岩脉金。天然金也会以叶片、粒状或金块的形式出现,它们由岩石中侵蚀出来,最后形成冲积矿床的沙砾,称为砂矿或冲积金。冲积金比脉状矿床的表面含有更丰富的金,因为在岩石中的金与邻近矿物氧化后再流入河流,借助流水作用形成金块。

(2)熟金。熟金是生金经过冶炼、提纯后的黄金,一般纯度较高,有的可以直接用于工业生产,常见的有金条、金块、金锭,各种不同的饰品、器皿、金币以及工业用的金丝、金片、金板等。由于设备等多种原因会导致黄金成色不一。

对熟金我们还可以作进一步的分类:

①根据成色的不同,可把熟金分为纯金、赤金、色金三种。经过提纯后达到相当高的纯度的黄金称为纯金,一般指成色超过99.5%的黄金。赤金和纯金的意思相接近,但因时间和地区的不同,赤金的标准有所不同。国

际市场出售的黄金，成色达 99.6% 的称为赤金，而中国境内赤金的成色一般为 99.2%~99.6%。色金，也称次金、潮金，是指成色较低的黄金。由于黄金中其他金属含量不同，成色高的达 99%，低的只有 30%。

②根据含其他金属的种类和数量不同，熟金可分为清色金和混色金。若黄金中只掺有白银成分，不论成色高低，此类黄金统称清色金。清色金较常见于金条、金锭、金块及各种器皿和金饰品等。天然金通常含有 8%~10% 的银，银含量超过 20% 的可称为银金。银含量越高，颜色就越白，重量也越轻。混色金是指黄金内除含有白银外，还含有铜、锌、铅、铁等其他金属。混色金又可分为小混金、大混金、青铜大混金、含铅大混金等。

2. 黄金的计量方法

市场上的黄金制品成色标识有两种：一种是百分比，比如 G999 等；另一种是 K 金，比如 G24K、G22K 和 G18K 等。国际上对黄金制品印记和标识牌有规定，通常要求有生产企业代号、材料名称、含量印记等。

（1）黄金纯度计量方法。

①用"K 金"表示黄金纯度。黄金饰品通常分为足金与 K 金。K（开）金是指黄金与银、铜等其他金属按一定的比例融合而成的合金，"K"是国际上用来表示黄金纯度（即含金量）的符号。一般来说，K 金含银比例越多，色泽越青；含铜比例大，则色泽为紫红。我国的 K 金在新中国初期是按每 K 含纯金 4.15% 的标准计算的，1982 年以后，已与国际标准统一起来，每 K（英文 carat、德文 karat 的缩写）含金量为 4.166%。计算 K 金成色的方法为：

$$成色 = K 数 \times 4.166\%$$

市场上交易的 K 金多为 24K 金、22K 金、18K 金、14K 金等几种（表

1)。纯黄金成色为24K，含金量 = 24 × 4.166% = 99.984%。

表1 黄金的成色

名称	金的百分含量	金的K值	千分含金量	印记
纯金	99.99%	24K	999.9	
千足金	99.9%	24K	999	24KG
22K金	91.6%	22K	916	22KG
18K金	75.0%	18K	750	18KG
14K金	58.3%	14K	583	14KG
9K金	37.5%	9K	375	9KG

②用文字表达黄金纯度。有的金首饰上或金条金砖上打有文字标记，规定足金的含金量不小于990‰，通常是将黄金重量分成1000份的表示法，如金件上标注9999的含金量为99.99%，而标注为586的含金量为58.6%。在上海黄金交易所中交易的黄金主要是9999与9995成色的黄金。

③用分数表示黄金纯度。

例如，标记成18/24，即成色为18K（750‰）；标记成22/24，即成色为22K（916‰）。

④用阿拉伯数字表示黄金纯度。

例如，99金表示"足金"，999金表示"千足金"。

（2）黄金重量计量方法。与任何物品一样，无论是金块、金条或金币，黄金都有其重量规格。

黄金重量的主要计量单位为盎司、克、千克、吨等。国际上一般通用的黄金计量单位是盎司，在中国习惯于用克作为黄金计量单位。由于世界各国黄金市场交易习惯、规则与所在地计量单位等不同，各国黄金交易的计量单位也有所差异。全球黄金市场上较为常用的黄金计量单位主要有以下几种：

①金衡盎司。国际上计算黄金、白银等贵重金属的基本单位是金衡盎司，也称"特洛伊"盎司。

盎司旧称"英两"，系英制中的计量单位。金衡盎司是盎司中的一种，是专用于黄金等贵金属商品的交易计量单位，其折算关系为：

1 金衡盎司 = 31.103477 克 = 0.62207 市两（中国10两制）
　　　　　 = 1.09714 常衡盎司

②司马两。司马两是目前中国香港黄金市场常用的交易计量单位。

1 司马两 = 37.4285 克 = 1.203354 金衡盎司

③市制单位。市制单位是中国黄金市场上常用的计量单位，现在上海黄金交易所用克为单位。

1 市斤 = 10 两 = 500 克 = 16.07536 金衡盎司

杆秤 1 市斤 = 16 小两 = 500 克

④日本两单位。日本黄金市场使用的交易单位为：1 日本两 = 3.75 克 = 0.12057 金衡盎司

⑤托拉。托拉是一种比较特殊的黄金交易计量单位，主要用于南亚一些地区黄金市场，如新德里、孟买、卡拉奇等。

1 托拉 = 11.6638 克 = 0.375 金衡盎司

第四节
明清金银器

皇宫帝后的龙凤冠

明清金银器制作空前发展，明朝在内廷设银作局，清朝养心殿造办处专门为宫廷制作金银器，以供皇族享用。金银器技艺集前朝之大成，一件器物往往采用多种复合工艺，达到了前所未有的精美、娴熟程度。金银器风格日趋华丽浓艳，宫廷气息浓厚，讲究装饰艺术，器形雍容华贵，宝石镶嵌色彩斑斓，龙凤图案尤为盛行，象征着皇家的高贵与权势，形成了明清时期独特的金银器风格。

目前，出土的明代金银器以北京定陵出土的数量最多，等级最高，共出土500多件，有金丝冠、金凤冠、金壶、金碗、金盒、银盘、金钗、金笄、金镯等。定陵是明代第十三代皇帝朱翊钧和两个皇后的陵墓，营建历时6年，耗银800余万两，极尽奢侈豪华，在殿棺、尸体周围放置了大量的金银器、玉器等珍玩。

龙纹金丝冠，通高24厘米，薄如蝉翼，轻似纱冠，采用极细的金丝编织而成。檐内外镶有金口，冠的后上方高耸的部位，精心设计两条金龙，盘绕在透明的金丝网面上。金龙左右对称汇合于冠顶部，龙首在上方，张口吐舌，龙身弯曲盘绕，呈现动势，双龙首中间有一圆形火珠，构成了双龙戏珠的图案。整个金冠双龙飞舞，雄猛威严，象征着封建帝王至高无上的权威，是迄今为止我国现存的唯一的帝王金冠，堪称国宝。

金冠结构巧妙，工艺精湛，所采用的金丝直径仅0.2毫米，纤细如发，编织紧密，孔眼均匀，几乎找不到金丝接头的痕迹。龙身则以粗金丝为骨，采用掐丝、垒线、码丝的方法，然后进行焊接，呈高浮雕鳞片状，鳞甲分明，龙鳞共8400片。龙头、爪、背鳍采用錾刻的方法，呈半浮雕形。金冠的制作采用了搓金丝、掐丝、编织、填丝、垒丝、錾雕、焊接等工艺，充分反映了明万历时期皇家金银器工艺的技术水平，是明代金器工艺中的杰作。

定陵中出土了明万历皇帝孝端、孝靖皇后的四顶凤冠，均装于朱漆木箱内。因长期埋藏，出土时凤冠上的珠翠已散乱，现已根据原状修复。凤冠中最为精致的是孝靖皇后的一顶凤冠。

凤冠高27厘米，口径23.7厘米，重2320克。冠框用细竹丝编制，然后髹漆。冠通体嵌各色珠宝点翠如意云片，冠前部近顶处饰九条金龙，其下为点翠八凤，后部另有一凤，龙、凤首均朝下，口衔珠滴。翠凤下缀有三排以

金凤冠

红蓝宝石为中心的珠宝钿,其间缀以翠蓝花叶。冠檐底部有翠口圈,上嵌宝石珠花,冠后下部挂六扇博鬓,左右每面各三扇,其上点翠,嵌金龙、珠花璎珞,金冠共镶大小红蓝宝石100多粒,珍珠5000余粒。整个凤冠龙凤飞舞,珠翠缭绕,尽显皇家风范。

明代凤冠是皇后和妃嫔册封、谒庙和朝会等重大庆典时,作为礼服冠戴的。定陵凤冠广泛地应用金掐丝镶嵌宝石点翠工艺,显示出高超的艺术造诣和技术水平。定陵出土的金凤冠首次以实物的形式向人们展示了明代帝后凤冠华贵瑰丽的风貌。

明代皇帝、皇后的龙凤冠精巧豪华,代表了明代的最高金银器制作水平,而王侯、王后的金冠、凤冠也极其奢华,只是在等级上低一级。

1958年,江西南城明益庄王朱厚烨墓出土累丝嵌宝石金冠,形制较小,呈半球形,也是用细如发丝的金丝制成,上镶嵌宝石,这种形制装饰上的不同,反映了等级上的差别。冠上插金簪,簪柄压印"银作局嘉靖二十六年(1547年)十月造金五钱"字样。江西南城另一明益宣王朱翊鈏夫妇墓中出土凤冠两顶,分属王妃李氏英姑和继妃孙氏,而以李氏英姑的九翠凤冠较为精致。凤冠上饰银丝编绕的翠鸟九只,嘴衔珠滴,冠两侧有金凤钗一对,金凤钗系金片锤打而成,上刻"银作局嘉靖二十六年八月内造钱七钱五分",说明金凤钗是由内廷银作局制作,皇宫赏赐给益宣王妃。

金钗采用掐丝和嵌珠制作,凤凰展翅摆尾,立于朵云之上。纹样以极细的金丝掐编,凤羽及尾翼呈镂空状,层层叠叠,颇显厚重,造型方法多样,胸、腹及爪等处较写实,双翼凤尾略有变形,在轮廓内填旋形纹。整体纹饰繁复,但整个造型单

金钗

纯，掐制工艺精湛，表现了一种绚烂归于平淡的美。

出土的金簪中以明益庄王朱厚烨墓的楼阁人物金簪最为精巧。金簪高 5.5 厘米，重 73.9 克，簪体呈叶形，在一二寸有限的空间内以金丝编累出多层次的精美纹样，楼台层叠，飞檐升空，花草环绕，各色人物居于其中，真可谓制作精湛。正面楼阁分上下两层，下层由五个牌楼形组成，均为重檐，下有矮形栏杆，中间为台阶，可供上下。五间楼阁相通，每间内均有舞蹈人物。上层宫殿形两旁设有花瓣式窗棂，中间坐一人，双手相拱执一笏，两侧各有一人掌扇。楼间四周以累丝作花朵组成花边，背面累丝出六花瓣组成互相交错的透空花纹，扁形簪柄连接于簪背。除单栋楼阁外，还有二栋、三栋相连的楼阁人物金簪，皆玲珑剔透，精美绝伦。

知识链接

金银器纹饰断代

纹饰是各个历史时期思想文化的形象写照，它往往展现出明显的时代特点。对纹饰断代，主要应该掌握三点：第一，各个时代或地区所特有的某种纹饰。如摩羯纹只见于唐代而其他时代均不见。以动物纹为主题纹饰的各种金牌饰只出现在战国至两汉时期的北方匈奴地区。第二，同一纹饰在不同时代的特点。龙凤是中国古代使用得最多的一种纹样，但各个时期的龙凤纹样也有着明显的不同。如唐代的龙，一般以单个出现，三爪，形象较为朴实，而明代的龙，多成对出现，或为二龙戏珠，或为行龙赶珠，五爪，极富神异色彩。唐代的凤，有的像长尾鸟，有的像孔雀，与飞禽悬殊不大。明代的凤身体蜷曲，形象凶狠。还有唐代的牡丹，雍容华美，而明代的牡丹则单薄小巧。第三，参考其他质地器物上的纹饰。同一时代不同质地的各类器物，由于受特定时代氛围的限制，在装饰题材上往往表现出相似或相同的特点。如战国时期的金盏，其上的蟠螭纹、云雷纹，大量出现于同时期的青铜器上。唐代金银器上的宝相花、团花、绶带纹等图案，在铜镜、丝织品上也大量存在。因此，在利用纹饰断代时，应尽可能多地参考其他质地的文物。

皇家御用生活器具

如果说明代的金银首饰以精巧的掐丝工艺见长，那么清代金银器皿则以宝石、珠玉镶嵌为特色。特别是帝王贵族使用的金器，广泛地应用掐丝镶嵌宝石的工艺，这一工艺在明代已蔚然成风，一直延续到清代，甚至影响到今天的金银器制作。

定陵出土的金托金盖玉碗、金托玉爵、金环镶宝石兔耳坠是明代宫廷中金玉结合的佳作，有的还镶嵌红、蓝宝石，形成多色对比，交相辉映的艺术效果，使金银器更显雍容华贵。

金托金盖玉碗出土于万历皇帝棺内，由玉碗、金碗盖和金托盘组成。

玉碗造型与常用的碗相同，高15厘米，重337.5克。玉材呈青白色，洁润透明，胎薄如纸，雕工非常精致。

金盖高8.5厘米，重148克，用纯金錾刻而成，盖口与玉碗完全吻合。盖身用镂空和浅浮雕的方法，錾镂三排在汹涌澎湃的波涛中出没的蛟龙，层层翻滚的波涛和水草，将蛟龙衬托得活灵活现，整个画面充满着动态美。盖顶为莲花形钮，装饰一朵盛开的莲花，花蕊嵌红宝石一块。蛟龙与莲花，一动一静，相得益彰，达到了一种艺术上的平衡美。

金托盘直径20.3厘米，重达325克。盘沿满饰祥云纹，盘底布满龙纹，盘中央凸起一圆圈，用以承托玉碗。

金盖和金托盘将玉碗烘托得雍容华贵，富丽堂皇。从金盖、金托盘与玉碗的组合来看，不是一般盛食用具，其形制仿自唐宋流行的瓷茶托，可能是万历皇帝饮茶或参汤之类补品的用具。

金托玉爵出土于万历皇帝棺内。金托盘为圆形，盘内底浮雕海水云崖及二龙戏珠纹，托内中心有一树墩形柱座，盘上插立元宝形玉爵。金托盘沿、内底及墩形柱座上镶嵌宝石26颗，金、玉、红蓝宝石各种色泽交相辉映。

在定陵的孝靖皇后棺内还发现了一件金环镶宝石耳坠，是金玉结合的佳作。耳坠的耳环部为金质，呈钩形，下垂一红宝石。红宝石下为一圆雕捣药玉兔，两前肢抱一玉杵，下连玉臼。玉兔双耳竖起，身上浅刻细毛纹，两眼用红宝石镶嵌，炯炯有神。玉兔足下为镶宝云形金托，分嵌三颗宝石。

金环、金托及镶嵌的宝石衬托出洁白晶莹的玉兔。耳坠的造型来源于月宫玉兔捣药的美丽传说，构思巧妙，用料精到，为皇后享用的宫中珍宝。

在定陵还有一套引人注目的酒具，发现于万历皇帝的棺内，由錾花嵌宝石酒注、金爵、金托三件组成，可能是万历皇帝生前所使用的酒具。

酒注形制为直口、粗颈、方腹，圆筒形高圈足，一侧附耳形把，对称一侧有一细长而弯曲的流。有一覆盆形盖，盖顶嵌玉，并在玉顶上镶一石榴子红宝石为钮，肩部镶嵌红、蓝宝石多块。腹部左右两侧各嵌玉雕正面盘龙一条，龙睛及龙额部会均嵌有红宝石。

金注全身錾刻有繁复的纹饰，颈部为如意云纹；腹部有把、流的两侧刻双龙戏珠纹。另两侧在镶嵌的玉龙上下四周饰海水江崖及流云纹。高圈足上饰行龙赶海及海水江崖流云纹。

金爵附有金托盘，托盘内外壁饰灵芝、牡丹纹。

金爵

　　金爵腹部双层制成，外壁饰半浮雕式的双龙戏珠及海水江崖流云纹，三足两柱刻龙首纹，其顶端各嵌红宝石一块，把手饰云雷纹。爵底外壁刻铭文一周"万历年造足金重五两一钱七分"。

　　定陵出土的金银器皿造型优美，装饰豪华，普遍采用宝石、玉镶嵌，珠光宝气，代表了明代宫廷金银器的风格。然而，有些器皿极尽奢华，纹饰过于繁复，宝石过于堆砌，影响了艺术效果。在追求豪华的风气之下，明代还显露着高洁雅脱、大巧若拙的审美情趣气息，湖南通道发现的南明窖藏的蟠桃杯、银盘、银鼎、银爵等28件银器，风格古朴，有些造型仿商周礼器，如银鼎、银爵，但纹饰细节处颇有宋元金银器秀美典雅的遗风。金蝉玉叶出土于苏州太湖之滨五峰山，这里是弘治年间进士张安晚的家族墓地。

　　而在南京博物院收藏的金蝉玉叶，妙地将金玉结合，艺术地再现了一幅生动的金声玉振的画面：一只形神兼备、金光闪闪的金蝉，憩息在玉叶上奏鸣，透明的和田玉叶将金蝉轻轻托起。金蝉奏鸣、玉叶振动，二者融为一体，一动一静，构思奇巧，妙趣横生，具有极高的艺术欣赏价值。

皇家御用典礼器具

清代金银器工艺空前繁荣，皇家使用金银器遍及典章、祭祀、陈设和佛事等各个方面，而且使用数量越来越多，器型越来越大，令人叹为观止。现存最重的金佛塔通高5.33米，共用三等金35万克。康熙五十四年制作的一套金编钟，有16枚，总重量达460818克。清代皇室耗用金银之巨，制作器物之大，史无前例。同时，亲王、大臣、富商、巨贾豪绅无不大量使用金银器以斗富争胜，并已成为一种社会风气。

金编钟是清代皇帝举行大典时使用的一种宫廷乐器，是用纯金制成，共16枚。清代金编钟不同于战国编钟，外形大小基本相同。根据实测，钟高21.2厘米，钮高6厘米，厚1.2～2.1厘米，上径13.6厘米，中呈椭圆形，顶端为交龙钮，钮两端为龙首，龙身相连，可以用黄绒穿系，悬挂于钟架上。

钟体的上下部各有一条凸棱，将钟体分成三段。上段浮雕祥云纹。中段刻游龙戏珠图案，双龙的龙首向左，头部饱满，双目突出须髯飘动，昂首弓背曲尾，龙爪擒攫火珠，腾游于波涛流云之间，体态矫健。正面中间长方形框栏内铸有"黄钟"、"大吕"等阳文楷书律名，背面锈刻"康熙五十四年制"。下段有八个外突的平头圆形音乳，其间雕饰上下对称云纹，这套金编钟的装饰纹样，充分显示了清代宫廷乐器神奇威严的艺术特色。

编钟属于古代中和韶乐的一个组成部分。中和韶乐属于古代雅乐，是在庙堂、殿陛上使用的正规音乐。清代中和韵乐只用于坛庙祭祀和殿陛典礼两个场合。

按清朝典制，每年元旦（农历正月初一）子时，皇帝都要在宫中养心殿东暖阁举行开笔仪式。在明窗的炕几上，摆放着金瓯永固酒杯，注入屠苏酒（传为华佗之方酿造，元旦饮之，可避邪气）。蜡台插上刻有蟠龙的花蜡，摆好文房四宝。皇帝正襟危坐大明窗下，书写一年的第一笔，所写内容则是祈

第二章 历史回眸——金银器发展历程

求国泰民安、五谷丰登之类的吉祥用语。

在北京故宫博物院还收藏着一件皇帝用的酒器——云龙纹葫芦式金执壶。金执壶造型新颖，壶身作葫芦形，由上小、下大的两球体构成，中间连接细而高的束腰，使整个器形的轮廓呈反转S型，有收有放，富有变化。壶的一侧有S型细长的流，曲流纤细宛转；另一侧有S形细龙形曲柄，与流形成均衡对称，极富韵律。金执壶采用浮雕的装饰手法，

云龙纹葫芦式金执壶

整个壶身满饰祥云和游龙纹，花纹凸出富有堆塑的浮雕感，纹饰密布壶面，构成了十分豪华又富丽堂皇的装饰效果。为了进一步美化器表，又采用镶嵌加以装饰，使华丽无比的黄金制品在色彩上，更趋丰富多彩。金执壶的壶盖及壶身四隅以及横梁上，另镶饰珍珠、宝石小粒，使珍珠的洁白和宝石的朱、红、绿、蓝相互点缀，呈现出五彩缤纷、光彩夺目的装饰效果。

清代后宫使用金银器也十分讲究，双凤戏莲金盆是其中的代表作。它是清代宫廷后妃仪仗中使用的黄金器皿之一。金盆尺寸较大，高9厘米，外径43厘米，内径33厘米。金盆采用平折沿，便于放置于架上或端取。盆面上饰浮雕花纹一圈，共十二式，为"八宝"和"杂宝"，这是清代宫廷和民间广为流传的吉祥纹。

十二件吉祥纹依次等距离排列，分别为法螺、灵芝、宝伞、法轮、画轴、珊瑚、双钱、宝鼎、金刚杵、金鱼、宝瓶、锭胜，并采用二方连续构图。吉祥物两侧配上漫卷飘动的彩带，彩带曲折起伏，舒展自如，如凌空飞舞。连续构图的吉祥物和飘动的彩带，多次反复重现，给人以轻快的节奏感和富有情趣的韵律美，这是金盆折沿装饰的一种特有风格。装饰图案，还巧妙地运用寓意吉祥的功能，吉祥物与"漫卷的彩带"浑为一体，漫与万、带与代谐

音，表达了"吉祥万代"的美好愿望。同皇家用器普遍风格一致，为追求色彩的富丽，金盆装饰上也采用镶嵌工艺，每隔一段便在花纹上镶嵌红珊瑚、绿松石小珠，红绿相间，多色对比，使金盆更显艳丽。

为充分显示黄金的材质美，盆底模压出凸起的图案，三朵立体的莲花均匀地布置在盆底中轴线上，两侧饰展翅的双凤，对称排列。凤颈以上制成立体造型，昂首引颈，动态轻盈秀丽，间隙部分饰卷叶纹为地，纹饰布满盆底，活泼奔放而又雍容华贵。

清代金银器以皇家器物为主体，器型大、装饰豪华，有着浓厚的皇家格调，至乾隆时期，金银工艺集历史之大成，有范铸、锤鍱、炸珠、焊接、镂镂、掐丝、镶嵌、烧蓝和点翠等技术手法，并综合了起突、隐起、阴线镂空等装饰手法，达到了登峰造极的地步。

第五节
古代金铜造像

中国佛教艺术是世界艺术宝库中一颗璀璨的明珠，其中，佛教造像作为佛教传播和教化的载体，以其特有的文化内涵和优美的造型，具有其他艺术品所不能比拟的艺术价值和文化价值。

古代金铜造像概述

东汉至西晋时期，古代印度佛教沿着丝绸之路传入中国，佛像是佛教流传的主要方式之一，佛像造型也随之传入我国。但是这段时期的佛像，只相当于民间供奉的神,也作为器物装饰出现在铜镜、石刻和一些配饰当中,佛像艺术的发展,基本上是伴随着中国佛教的传播而日趋流行。

南北朝时期佛教盛行,佛像艺术得到了全面发展。大规模建造寺庙,大量铸造金铜佛像、绘制佛画;佛像石窟数量猛增,著名的敦煌、云冈、龙门等石窟,都是此时开凿修建的;带有佛教色彩、意义的装饰随处可见,如在建筑上带有飞天、莲花等标志性图案。

隋唐时期,出现了各种佛教造像形式,金铜佛像、石刻佛像逐渐被木雕、彩塑、铸铁、壁画等取代,这一时期的佛像,褪去了宗教神秘的面纱,彻底地转化成民族化、世俗化的风格。

宋代佛像的数量和规模不及唐代,但是造像手法更加娴熟,尤其是菩萨的塑造,式样丰富多彩,姿态优美。

元明清时期,寺庙造像是佛像艺术的主要方式,其他艺术形式也得到了迅速发展,13世纪兴起于青藏高原的藏传佛教,为佛像艺术增添了新的色彩。

佛教文化历史跨度大,佛像的表现形式多种多样,随着佛教的传播与发展,佛像也不断变化,逐渐成为一个内涵丰富、规模庞大的艺术品类。如"永宣金铜佛像"就以其精湛的造像工艺、精美的艺术造型和深厚的文化韵味博得佛像艺术爱好者的青睐。

在市场上,随着佛像收藏队伍的不断扩大,佛像的价格也逐渐攀升。和其他艺术品收藏一样,佛像的收藏也同样面临着鉴定和辨伪的问题,对佛像进行鉴定辨伪,一般是从佛像的造型、款识、工艺等方面入手,与标准像进行比较,才能作出比较符合实际的判断。

佛教的传入

佛教是世界三大宗教之一,产生于公元前6世纪的古印度,公元前3世纪被定为印度国教,并开始向国外传播。由于佛教刚传入中国时,只是在部分地区流传，并未引起社会广泛的重视，所以后来史书上所载的佛教初传，大多只是根据传说，缺乏确切的史料根据。对此，学术界众说纷纭，主要有六种观点："先秦说"、"秦朝说"、"西汉武帝时期说"、"西汉末说"、"西汉末东汉初说"和"东汉初说"。目前一般流行的说法是佛教在两汉之际即公历纪元前后传入中国。

佛像的起源

佛教创立之初，佛教徒们认为佛陀是大智大觉、完美无缺的圣人，具有至高无上的地位，不能同普通人一样随便塑造形象，有着"佛像不可显现"的传统思想。在早期佛教艺术作品中，佛教艺术家们一般用佛的脚印、莲花座、菩提树等表示佛的存在。

佛像的出现与古希腊文化的影响、希腊雕塑技艺的传入有着密切的关系。古印度史上有位阿育王，他用非凡的武力消灭了印度半岛几十个国家，建立起强大的孔雀王朝，由于杀戮无数，被称为"魔鬼阿育"。后来他幡然醒悟，痛改前非，开始大力宣扬佛教。他派遣了许多传教士到世界各地传播佛法，一些僧侣带着宗教信仰来到了有"雕塑王国"之称的古希腊。

古代希腊的艺术思想、精湛的雕塑技艺，以及对人体美的崇尚和深入细致的观察，深深地影响着古印度的传教艺术家和民间工匠们，他们吸取了希腊人对人体艺术的表现形式，打破以往的传统思想，直接以人物的形

古代金铜佛像

象来表现佛陀的容貌和身体。

在1世纪前后，由于大乘佛教思想的形成，佛像才慢慢地大量出现，这一时期出现许多大乘佛教经典，都极力赞颂造佛像具有巨大的功德，可以得到无穷的福报等。受大乘佛教影响，艺术家们也认为造佛像和供奉佛像会产生和积累很多功德，都是最好的修行。大乘佛教徒们开始根据佛经里所讲到的各种各样的佛、菩萨标准像进行佛教造像，佛教造像形式与佛教一起得到了广泛的传播。

佛教于两汉之际传入中国，与中国文化互相融合，佛教的雕塑、铸造以及绘画等艺术方面的创造对中国的文化影响深远。佛像形象而直观，成为佛教徒崇敬礼拜的对象。塑造这些佛像、菩萨像，是解释佛经、弘扬佛教教义，也是便于佛教徒宗教修行实践的需要。

金铜佛在中国佛教初传期称作金人或金泥铜像。东汉末年，丹阳人笮融施造可容纳3000人的佛寺，"以铜为人，黄金涂身，衣以锦彩"，一般认为即是金铜佛像，这是中国立寺造像首次见于史载。

随着古代中国与南亚次大陆的佛教文化交流，在印度显教期出现的犍陀罗、马土腊和笈多艺术，以及密教期形成的东印度帕拉、尼泊尔、斯瓦特和克什米尔等造像模式先后传入中国。

三国两晋金铜佛造像

根据史书记载和考古发现，佛教造像在东汉时期传入我国，早期的佛教造像形式主要是石雕像。金铜佛像是随着佛教的兴盛而出现的。《三国志》记载有"笮融大起浮屠

古代金铜佛像

祠内有一尊金铜佛像"，这是我国首次关于金铜佛像的记载。

1956年，在武昌市莲溪寺一座砖墓中发现了一件鎏金铜带饰上的浮雕佛像，立在莲花座上。根据同时出土的其他文物，确认这件浮雕佛像是三国时期的作品。

两晋时期，佛教艺术开始广泛流行。据《洛阳伽蓝记》记载，西晋著名画家荀勖于泰始二年（266年），"施造金铜佛造像十二躯，像高三尺多"。东晋恭帝司马德文，"耗钱千万铸造丈六金佛像，亲自迎于京师瓦官寺"。

十六国金铜佛造像

十六国时期，佛教以及佛像的造型艺术经过丝绸之路的传播，上至统治阶级，下至普通百姓，以更虔诚的态度崇奉佛教，加之佛教流行的造像积功德的思想影响，佛像艺术得以勃兴。

现藏于美国旧金山亚洲美术馆的后赵建武四年（338年）造禅定佛铜鎏金像，是我国现存最早有明确纪年的金铜佛像。其通高39.7厘米，在存世的十六国时期金铜佛像中最高。佛头部有高肉髻，额宽、眼大、鼻高、唇厚，面相具有明显的古印度人的相貌特征，体现了受犍陀罗式佛像的影响。佛穿通肩式大衣，衣纹于胸前呈"U"形；结禅定印，跏趺坐于四方形的台座上，早期的佛像并不是以莲座作为佛台的。

现藏于日本大阪美术馆的夏胜光二年（429年）造释迦牟尼佛鎏金铜像，造像形式与后赵建武四年造禅定佛铜鎏金像相近，像与台座铸在一起，

十六国　释迦牟尼佛铜鎏金像

台座上刻有"胜光二年己巳春正月朔日中书舍人施文为合家平安造像一区（躯）"的发愿文。有些专家对此像质疑，早期佛像多为合铸，此像为何台座连体？而且高足床式样北魏以后才有，此像已为高足，因此真伪难下结论。

十六国时期的金铜佛造像大多采用分铸套接的结构，佛像的脑后部位有榫孔，用于安装背光。台座是单独铸造的，可以与佛身套接在一起，由于背光、台座等部件在保存过程中容易散失，所以已发现的这一时期的佛像仅存佛身的较多，完整的佛像比较罕见。1955年，在石家庄北宋村出土的释迦牟尼佛及其眷属组合式铜鎏金像。全像由可组装的佛像、舟形背光、圆形华盖和佛床所组成，保存得较为完整。1975年，在甘肃泾川县玉都乡出土的一尊铜佛像，与石家庄北宋村释迦牟尼佛铜鎏金像相仿，也保留了背光、华盖、台座，像这两件完整金铜佛造像，十分珍贵。

十六国时期的金铜佛造像特征是：

佛像遵循当时小乘佛像流行的标准式样，以禅定佛为主要的造像形式；佛像的尺寸一般在7厘米左右，很少有超过10厘米的，以小型像居多；佛像头部为束发式高肉髻，小型佛像以磨光式肉髻居多，并且无发纹；大型佛像多为分绺式，有发纹；眼大横长，鼻梁高挺；佛身穿通肩式大衣，前胸的衣纹呈"U"形或"V"形，断面为浅阶梯状，肘臂处的衣纹较深；佛像主尊与背光、台座等部分是分别铸造的，可以拆装；背光一般为同心圆形；佛座一般为造型简单的四方台，或四足束腰须弥座。

南朝金铜佛造像

佛教在南朝很盛行。我国在南朝时就有"南朝四百八十寺"的诗句，实际上全境的寺庙远不止这些，可见当时佛教传播之盛。在南朝，由皇帝为首的王公贵戚和寺院僧人出资铸造金铜佛造像的风气很重。南朝宋国，宋孝武帝刘骏"在京师瓦官寺造了32尊金铜佛造像和无量寿佛金像"，宋明帝也捐造了"造丈四金身像"。南朝梁国,佛教取得了国教的地位,此时的金铜佛造像最为兴盛。据记载,梁武帝"在光宅寺造丈八铜像,在同泰寺造十方佛金像和银像","释法悦铸丈九金像,用铜四万三千斤"。根据存世的南朝梁代佛像可以看出,梁代金铜佛像造像特点比较突出:佛像的面相饱满,身躯丰满;多带有背光;采用群雕造像形式;以线刻或浅浮雕佛经故事、本生故事等图案作为装饰。

现存于世的宋元嘉十四年(437年)韩谦造禅定印佛像和宋元嘉二十八年(451年)刘国之造禅定佛像,是南朝小型金铜佛造像的代表作品。从这两尊佛像可以看到南朝的佛教造像风貌,造像特征明显,基本上形成了独特的风格,形象上具有秀骨清像;服饰上着褒衣博带式大衣,衣褶密集。

北朝金铜佛造像

北魏的金铜佛造像在吸收古印度造像艺术精华的基础上,与我国传统的雕刻技法逐步融合,整体上形成了华美、俊逸的汉式佛教造像特色。

1. 北魏早期金铜佛造像

北魏早期铸造的大型金铜佛像未见存世的,仅从史书记载可以看到当时造像之盛,北魏文成帝"造丈六释迦牟尼佛金身像"。北魏献文帝"在平城天宁寺造四十三尺高的释迦立像,用铜十万斤,黄金六百斤"。北魏孝明帝在洛阳修建永宁寺,"大殿中置

北魏无量寿佛铜像

丈八金身像一躯，较矮的金像十躯"。

目前存世的北魏早期有明确纪年的小型金铜佛造像中，具有代表性的作品有：太平真君七年（446年）朱雄造坐佛像、太平真君元年（440年）朱雄造坐佛像、太平真君四年（443年）菀申造立佛像、太平真君五年（444年）铜立佛。

北魏初期的佛教造像，也如十六国时期一样，仍具有着浓郁的西域佛像艺术气息，从佛像的造像特征可以看出，很明显受到了印度笈多式佛像艺术的影响。例如太平真君四年菀申造立佛像，宽额大耳，面相饱满，右手结施无畏印，左手结与愿印；身穿通肩式大衣，衣纹细密，线条流畅。紧贴于身上的衣服，表现出躯体的健美。

2. 北魏中晚期金铜佛造像

北魏太武帝在太平真君七年（446年）展开了狂热的灭佛运动，佛教造像遭受了重创，时隔六年后，才随着太武帝的暴亡而告终。

北魏文成帝即位后，颁发了复佛诏书，下令兴佛造像。在他的大力倡导下，佛教造像又得以继续发展，出现了说法佛、莲花手观音、释迦多宝二佛并坐等多种造像题材，并逐渐形成了比较稳定的造像特点。

佛像的面相由丰满转为清秀，方圆转为长圆；服饰上由通肩式、袒右肩式转变为褒衣博带的汉式服装；菩萨头戴高冠，身着交叉式帔帛，下着羊肠大裙，下摆有拂扬之感。整体上的风格，由简朴、浑厚趋于优美、柔和，造像更具立体感。

北魏孝文帝太和年间（477—499年），金铜佛造像的制作工艺和表现形式均已臻于成熟，佛陀的发髻呈波浪纹，发纹正中有一个右旋轮。佛的面相、衣纹还依稀有犍陀罗佛像的痕迹，身穿袒右肩式袈裟，内穿僧祇支。手结说法印，有大舟型背光，背光上有火焰纹。佛像跏趺坐于亚字形四足方座上。这一时期的金铜佛造像被称为"太和式"。在北魏孝明帝的熙平、神龟、正光期间（516—524年），金铜佛造像愈发华美、俊逸。佛像面相清秀，身躯修长，褒衣博带，衣纹繁复，裙脚部位的衣褶多层交叠，呈八字形。

3. 东魏、北齐金铜佛造像

东魏继承了北魏中晚期的造像风格，特别是在天平初期，形成了著名的"天平式造像"。东魏天平三年（536年）乐氏造弥勒佛立像是"太平式造像"的代表作。现藏于美国宾夕法尼亚大学博物馆。此像通高61.5厘米，弥勒佛身着褒衣博带，面相清秀，仪态端庄，略具有北魏中晚期金铜佛造像的遗风。不过佛像的头部与前期造像相比，显得稍小，像身后有大背光，背光上的纹饰更加华丽，装饰性更强。

到了东魏晚期，雕塑铸造工艺开始衰退，金铜佛造像的身躯矮壮；姿势僵硬，缺乏动感；衣纹简单、粗糙；北齐的金铜佛造像，保留了交叉式帔帛、舟形背光、四方足座等北魏金铜佛造像的特点，但是佛像肩宽胸厚，身躯更为丰满，面相平和，情态表现开始走向世俗化。

南北朝时期的金铜佛造像特征有以下几点：

此时的佛像或坐或立，背有莲瓣形、火焰形背光。北朝造型庞大，气势古朴、粗犷，面相躯体肥胖，神态庄重含蓄。南朝十分推崇"秀骨清像"。所铸铜像体形较瘦、气质优雅俊秀。衣着为褒衣博带式大衣，衣纹繁复飘逸，具有汉式风格。这时期还出现不少碑形组合造像，如著名的"西方三圣"，碑中主佛为阿弥陀佛，左右为观音菩萨和大势至菩萨。

隋代金铜佛造像

隋代金铜佛像遗存尚多。隋代金铜佛造像主流沿袭北周石造像的风格，既保留了北齐、北周的遗韵，又有形式变化，具创新的特点，艺术上达到了极高的水平。

隋代的金铜佛造像特征是：

佛像的形式以菩萨的立像最为普遍，菩萨身材修长，头戴高冠，冠旁缯带垂落腰部，有莲状或舟状背光，呈前拱状，上端尖锐，火焰纹浅显细腻，佛床为双重式四足方形，或单层四足方形，有的錾刻铭文。佛像的肉髻较平缓，面部丰满，着褒衣博带式佛装，身躯饱满。佛像的姿态和神态刻画得形象生动。

唐代金铜佛造像

唐代是佛教的全盛时期，也是佛教造像的创新时期，更是佛像艺术发展的高峰期。其制造手法日趋细腻，技巧越发成熟，反映了唐代人的审美心态和艺术情操。

唐代佛像中以观音菩萨的造像最多，观音菩萨的身姿婀娜，有的背光镂空，有的做成背屏式。另外，菩提树形的七佛造像也有多件。唐代造像数量较多，存世的数量也不少。

唐代的金铜佛造像特征是：

佛像在形体上以丰腴为美，佛头饰螺发，面庞及像身圆润浑厚，胸部可见肌肉凸起，天王力士像的肌肉感尤为突出。

古代金铜佛像

菩萨像以女性成熟丰盈的体态作为表现形式，多束高髻，上身袒露，或披帔帛，下着羊肠大裙。从胸部至腰际形成突出的弧线，并配以像身的外轮廓和帔帛的曲线，构成造型上的"三段屈曲式"，也称"三折技式"，即头、腰、臀三部位犹如"一波三折"，这是唐代菩萨像最流行的样式。唐代佛造像的衣纹线条自然流畅，特别是一些坐姿佛像，垂落于座前的衣绉布排有序，繁而不乱，富于时代感。

宋代金铜佛造像

宋代造像以写实著称，基本是依据世俗的审美情趣和要求来塑造佛像，当时最流行的题材是观音及罗汉等。

宋代的金铜佛造像特征是：

佛像的衣着也在继承前代的基础上出现了一种内着"V"领僧衣、外斜披袈裟的新样式，这实际是将宋代僧人的衣着借鉴到佛像上。菩萨像如同现实中的贵妇，头戴花冠或发髻冠，中嵌宝珠，并饰有繁复的蔓草纹；身披网状璎珞珠饰，衣褶宽大，纹理流畅，呈现出一派富贵气象。

辽代金铜佛造像

古代金铜佛像

辽代佛像在沿袭中原文化艺术传统的前提下，又融合本民族的特色而进行创造性的发挥。

辽代的金铜佛造像特征是：

佛像面庞丰圆，肉髻呈缓丘状，身着袒胸衲衣，下着长裙；菩萨像多头戴花蔓冠，冠箍的形制较特别，冠的束带下垂于两肩。坐像上身挺拔，双膝

紧收，而立像则两腿显得板直。台座均为束腰式，多见上部仰莲的莲瓣肥大饱满，下承圆形或六角、八角形的底座，表现出一种权衡之美，已从宋代造像的写实转化为图案化了。

元代金铜佛造像

元代时，藏传佛教被奉为国教，并设立了"梵像提举司"这样一个专门制造佛像的专业机构，还有与制作铜佛有关的部门——出蜡局提举司。尼泊尔、西藏的造型技艺传播到内地，铜佛造像由此产生了"汉造"、"藏造"两大特色。

元代藏传金铜佛造像又叫蒙古式金铜佛造像。蒙古式金铜佛造像主要是尼泊尔藏传佛教造像风格。元代藏传佛像虽然承袭了尼泊尔风格，但其面目已趋藏化，同时融入了汉地的审美因素和表现技法。菩萨像均袒上身，下着裙，璎珞颗粒较大。佛像面庞饱满，肩宽胸阔，肢体突显，衣纹简洁。

元代佛像

元朝灭亡之后，蒙古式金铜佛造像灭迹。在明代晚期复兴，形成漠南、漠北两种风格的金铜佛造像。

知识链接

花丝工艺

将黄金先加工成丝,再经盘曲、掐花、填丝等方法制作成各种工艺品的细金工艺。花丝又有拱丝、竹节丝、麦穗丝等纹样。

制作方式有掐、填、攒、焊、堆、垒、织、编等。制作的主要器物为灯具、餐具、酒具、茶具、瓶、熏具。该工艺最早出现于春秋时期,到明代达到发展的高峰。近代以来,花丝镶嵌以北京、成都最负盛名。北京的花丝镶嵌,以编织、堆垒见长,还常运用点翠工艺,把翠鸟的蓝绿色羽毛贴于金银制品之上,以强化效果。

明代金铜佛造像

明代,汉式传统造像虽然在承袭前代风格的基础上继续发展,但呈衰落趋势。明代宫廷专设有造像机构"佛作",专门制作藏式佛像。随着藏传佛教在内地的传播,由于年代和制作地区域文化的差异、教派不同和艺术传承不同,又形成永宣式金铜佛造像、藏西风格、藏中风格、藏南风格、藏东风格等式样。

明代观音菩萨铜鎏金像

1. 明代汉式金铜佛造像

明代嘉靖以后,特别是万历年间,汉地造像又独盛一时,造型多头大身长,体态丰满,传世品较多。明代的汉传佛教造像特别是中早期造像,比例较适中,身躯饱满,线条流畅。

2. 永宣式宫廷金铜佛造像

永乐时期是明代宫廷造像产生和发展的重要时期,以永乐皇帝迁都北京为界限,可分为前后两个时期:前期佛像带有印度、尼泊尔艺术特点,姿态优美,形象妩媚,气质高雅,尤其突出的是莲花座上的莲花瓣,细长饱满,劲健有力;后期造像受汉地艺术影响,面相宽平,莲瓣宽肥。

宣德时期,宫廷造像在承袭明永乐后期风格的基础上,略有一些变化。造像躯体趋于肥胖,面相更趋汉化,莲花瓣更加宽肥饱满,莲瓣头部的卷草纹更加繁复,衣纹质感也更加强烈。这些变化都与汉地艺术的影响密切相关。

在永乐和宣德年间形成的风格式样,代表了明清二代最高的金铜造像水平。这种钦定的官式造像,其艺术风格为:不论佛、菩萨,其面相都丰满端庄、宽颐,脸形呈方圆,五官位置匀称,眼略俯视,表情静穆柔和,整体造型优美,金色充足,胎体厚重,衣纹是汉地常用的写实手法,质感较强,它为明代藏传金铜佛造像中特征最为突出的一种。

永乐、宣德造像制作于不同的时期,这两个时期的造像也略有一些区别。比较而言,永乐造像保留的西藏造像风格特征多一些,宣德造像则西藏艺术特征要少一些,受内地艺术影响多一些;同时工艺上永乐造像也比宣德造像要精细一些。

在永乐、宣德宫廷造像上分别刻有"大明永乐年施"和"大明宣德年施"铭款,一般刻在莲花座台面的正前方,造像的署款都是从左至右的顺读形式,而不是当时汉地传统的自右至左的倒书格式。

清代金铜佛造像

清代造像继承明代风气，精工细作，是藏传金铜佛造像的高峰期，而汉式佛教造像日渐式微。清代的佛造像在北方依然是以藏传佛教造像为主流，尤其是北京，由于清代对藏传佛教的崇奉，藏传佛教在北京的传播和影响很大，宫廷专门设立"造办处"制作佛像，藏传佛像制作兴盛。

1. 清代汉式金铜佛造像

清代的汉式佛教造像的主要特征是面庞饱满，弯眉细长，鼻高且直，宽肩细腰。佛像大都是着袒右肩式衲衣，质地显得比较厚实。菩萨像多为汉式装束，服饰贴体而轻柔，衣纹和衣饰的刻画运用写实手法，真实感较强。但是在表现手法上显得纤巧无力，缺乏艺术感染力。

2. 清代宫廷藏传金铜佛造像

清代宫廷造像主要集中在康熙、乾隆两朝，基本上沿袭了藏传佛教造像的特点，造像工艺精湛，造像精美，代表了清代内地藏传金铜佛造像的最高水平。清代宫廷造像遗存较多，特别是乾隆时期，由于乾隆深入研究藏密佛像，并亲自参与设计监制，所以造像数量较多。清朝康乾以后，由于存世的金铜佛像数量很多，所以，清晚期宫廷造像反而少见了。在流传品中也有许多做得很差的，不

清乾隆铜鎏金释迦牟尼佛像

一定为官造。

康熙、乾隆时期的造像特点：

康熙年间制作的金铜佛，面相庄严，五官匀称。菩萨的比例适中，面相端庄，身材匀称，富丽堂皇，造像注重写实手法，形象生动，工艺精湛。

乾隆年间制作的金铜佛，脸型偏方，面相饱满，额头宽而隆。眼睑下垂，弯度很大，呈俯视状，鼻子呈三角形，显得有些生硬，嘴唇短而略显厚。

3. 清代内蒙古金铜佛造像

内蒙古金铜佛多为清顺治至乾隆时期的作品。内蒙古金铜佛造像的面庞宽阔，双目平直，颧骨突显，表情憨厚。冠饰及肩花大而繁复，又喜嵌松石、玛瑙和青金石。台座多为仰覆莲瓣。

内蒙古系统造像的产地包括呼和浩特、北京、承德等地，国外学者又称其为内蒙古察哈尔式，即流布于呼和浩特、包头、集宁、张家口以至甘肃省、青海省一带的造像式样。

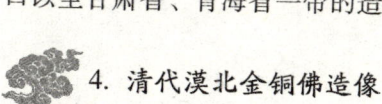

4. 清代漠北金铜佛造像

古代金铜佛像

漠北是指清代漠北喀尔喀各部所在地区，其造像风格始创于第一世哲布尊丹巴洛桑丹贝圣赞，世称"丹巴体系"。源自藏中风格，特征是面容端丽，上躯挺直，肩胸宽阔，腰部收敛，衣饰精美。佛像多穿袒右肩式大衣，菩萨下穿裙。菩萨像的装饰略多，胸前挂长珠链。台座主要有两种：一种是束腰不深的高台座，仰覆莲瓣交互排列，紧贴座壁，底边呈卷唇状；另一种是鼓形莲座，上敞下敛，莲瓣层层包裹，但多扁薄，这种台座是喀尔喀造像的特色。

清代的金铜佛造像特征是：

金铜佛造像继承明代风气，主要以宫廷、藏族地区的佛教造像为主。藏传金铜佛造像在清代进入了鼎盛时期，数量较多，不乏精品。宫廷造像以小型居多，造像严格遵循西藏佛像的比例和标准，姿态生动、造型端庄。从造型、配饰上看，佛陀、菩萨、上师、护法等造型精美、特点突出，服饰上浮雕珠宝，工艺精湛。

第二章

巧夺天工——金银器的工艺

中国古代金银器不仅工艺繁复，制作技巧高超，而且造型精巧，装饰细密，每一件都是科学与艺术的完美结合。无论是以几何形为主的平面造型，抑或是以写生动物、植物为主的立体造型，无不展示着制作者观察的细腻与比例掌握的准确。一般说来，金银器制作工艺就是以金银为原料，经过制胎、浇铸、锻打、錾刻、累丝、焊接、编织、镶嵌、点蓝、烧制、打磨、冲压、电镀等各种加工工艺制成的造型美观、图案精美的金银器的制作过程。

第一节 铸造技术

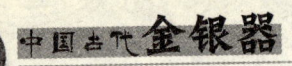

范铸

这是最早的金器加工方法之一。它仿照青铜器制造工艺，先按所要制作的器型制模翻范，然后把黄金加热熔化成金液，倒入范中，冷却后即成所要制作的器物。范铸可分为一次性铸成和局部分铸。唐代的各种金杯大多采用范铸方法成型。由于范铸技术很难出薄胎器物，胎体厚重就成了范铸器物的重要特点。捶揲等技术应用后，范铸方法便很少采用了。

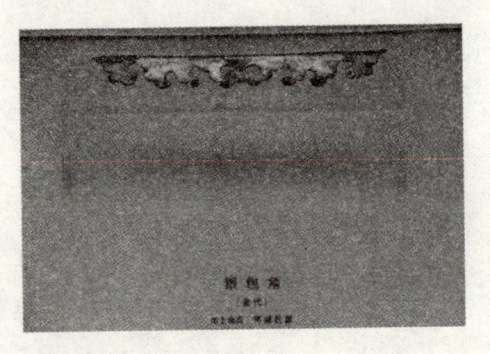

银包角

浇铸

浇铸（铸造）方法是将金、银熔化成液态状，采用范模浇铸而制成器物的方法，它是最早的金银加工方法之一。铸造工艺在我国新石器时代末期就已经出现，原本是青铜器的制作工艺，因青铜器的兴盛而发展、成熟起来。

金的熔点为1064.43℃，银的熔点为961.93℃，液态的金银流动性良好，浇入预先准备好的范模内，冷却后即可成形。经铸造制成的金银器，胎体厚重，消耗原材料较多；金、银相对于铜来讲，要稀少很多，故采用这种方法制成的金银器数量较少，并非古代金银器的主流。1982年，江苏盱眙南窑庄汉代窖藏出土了一件豹形金兽，重达9000克，含金量高达99%，是汉代铸工最为精细的代表作品。金兽胎体厚重，铸工精良，体内空腔刻有"黄六"两字。此金兽大眼阔嘴，表情温顺，体态安详，造型极为可爱，是目前所知唐代以前的黄金铸品中最重的。根据内壁铭文及头颈处的环状纽推测，此件金兽应为"权"，即秤砣。

对由青铜器的使用而发展起来的浇铸工艺的改进，形成了以"失蜡法"为核心的饰品制造工艺，为首饰的批量生产创造了条件。所谓"失蜡法"就是先根据首饰设计样本制成橡胶模具（阴模）；用橡胶模具通过注蜡制成蜡模具（阳模）；将蜡模具种成蜡树，再将放有蜡树的筒注入石膏，制成石膏模具；将石膏模具放入烘炉内烘干，并加热至石膏模具脱蜡形成石膏阴模；将呈熔融状态的金注入石膏模具中；清洗去石膏，从蜡树上剪下，再进行打磨修饰及抛光、镶嵌等程序即可完成金银制品的生产过程。

由于浇铸工艺生产的器物笨重，耗金量大，所以后来除利用它进行工业化批量生产首饰外，金银器的生产已不常使用。

捶揲

捶揲工艺是利用金、银质地较软、延展性强的特点，将金银片放在模具上反复捶打成型的一种金银器制造工艺。捶揲法可以将金银器做得非常轻薄，比用铸造法耗刚的金银材料要少很多，而且方法也相对简单。在捶揲法技术广泛应用后，铸造法便在金银器制作上很少使用，只用来熔铸银锭、银铤。金银器捶揲工艺有两种基本方法：一种是自由捶揲法，主要用于金银器成型；一种是模冲捶揲法，主要用于金银器纹饰的制作，需要事先将纹样刻制好底模，加工时将底模衬在金银板下，反复捶揲，底模上的纹样就能翻印到器物上。用模冲技法制成的纹饰富有立体感，明暗对比强烈，装饰性强。

唐代金银器中的碗、盘、碟、壶等大多数器物都是用捶揲法制作的。用捶揲方法制作的金银器物，因胎体较薄使得器物抗变形能力较差，于是能工巧匠们在设计金银器的造型时，往往将装饰品器物腹部做成瓜棱形，利用凹棱将较大面积分隔成小块，既丰富了器物的造型变化，又大大增强了抗变能力。

知识链接

金箔工艺

四川三星堆和金沙遗址出土的金箔饰物证实，我国制作金箔已有4000多年的悠久历史。传统工艺制作金箔，以99.99%金为原料，经锤打、切箔等十多道工序，尤其是金箔技艺最核心的乌金纸秘方，是保证金箔质量的关键。锻制金箔时，要用乌金纸包好金片，通过几万次手工锻打制成15厘米见方、0.12微米厚的金箔，要求乌金纸耐冲击、耐高温、薄而不破。目前，掌握传统乌金纸技术的仅存数人。真金线技艺也面临失传的危险，真金线是将金箔贴在特殊的纸张上，用雨花石或玛瑙石抛光后裁成扁条，再

第三章　巧夺天工——金银器的工艺

将其捻成圆的金线。真金线是生产云锦的材料,"云锦"是一种先练丝、染色,而后加用金银线织造的丝织提花锦缎,产地为南京。云锦因其图案典雅,色彩绚丽庄重,宛如天上美丽的彩云而得名。云锦重要的特点是大量用金,并善于用金装饰织物花纹。由于云锦长期专织皇室龙袍冕服,在织造中往往不惜工本,精益求精,图案丰富多姿、花形硕大、造型优美、设色浓艳,尤以用金为其特色,配色自由,色彩变化多样。在织造工艺上更是将手工织造技艺发展到了极工极巧的地步,把中国彩织锦缎的配色技术和织造技术发展到了一个新水平。

焊接

焊接是中国古代金银器制作的传统工艺之一。所谓的焊接就是把器物的部件以及纹饰同器体连接成整体的一种工艺。其具体方法是通过加热使得焊药熔化,将被焊部件与主体黏结牢固。焊药的主要成分一般与被焊物相同,加少量硼砂混合而成,也有用银与铜为主料合成的焊药。焊接后需对焊痕进行处理,如果焊技高超,那么在器物上几乎看不出焊接的痕迹。

铆接

古代金银器的连接工艺除了焊接外,还有铆接。所谓的铆接就是将接件和主体间凿出小孔,用穿钉钉牢,主要用于器把、提梁等部件的连接。

退火

退火又叫"淬火"，是金银器加工过程中比较重要的工艺之一。金、银等金属加工原料在加工之前都应退火，退火后的金、银原料变得柔软，加工起来相对比较容易一些，而且不易碎裂。退火就是先用火烧烤金片或银片，直到完全将其烘烤至完全发红，并维持一段时间，然后用酸液浸泡，再用清水冲洗干净。镶嵌加工完成的贵金属首饰托架在镶石之前，重新加温到发红后马上把加热的首饰放进水中退火，这样可以使首饰变硬。

铆接的香盂

酸洗

一些金银器工件加热后因氧化会变黑，于是古人将工件在仍然热的时候放入酸液中浸泡除去黑色氧化物，这就是酸洗。

打磨

打磨的目的，是让器物表面比较光滑，没有杂质。其具体做法是先用粗砂纸打磨，然后再用细砂纸打磨；有的还需要先用湿的砂纸打磨，后用干的砂纸打磨，直到用肉眼看不到明显的锉痕、砂纸擦痕为止。通常体积较小的金银器，没有电动吊机前，一般用木条裹住砂纸打磨，木条可以是圆形的也

可以是方形的，根据需要木条可大可小。裹在木条上的砂纸根据工序变动可以变换。有了电动吊机对首饰的打磨就容易多了，现在有带孔的针，可直接将它夹在吊机机头上，然后把砂纸裁剪成细条，并把砂纸条一端剪成能穿入针孔的尖头状，插入针孔，转动吊机就可裹紧砂纸，打磨金银器了。用吊机打磨金银器又快又好，尤其金银器上一些细微的用手难以打磨的地方裹上砂纸的针操作起来很方便。只有打磨工作做好了，最后的抛光工艺才能又省事又完美。

抛光

所谓抛光，就是指用切削、锉磨、擦拭等方法除去器物表面的毛糙部分，使器物显得平圆光滑，通常经过抛光的金银器十分光彩照人、华丽无比。滚筒式抛光机主要用于黄金制品的粗抛。原始的手工抛光操作比较简单，用一根约30厘米长，约2~3厘米粗细的木条粘上小山羊皮制成抛光棍，在山羊皮上抹些抛光剂，摩擦金银器就可以抛光了。首饰有些难以用抛光棍抛光的地方，需要用抛光线来抛光，先将抛光线用轻油浸泡后，将其挂在架子上，然后将抛光剂涂抹在抛光线上，再用手拽住线头进行抛光。抛光剂分粗、中、细三种，但现在多用粗、细两种抛光剂；粗粒的抛光剂是一种有黏性的棕黑色硅藻土，细粒抛光剂是细粒的黑红色铁粉。一般说来，打磨后的金银器先进行粗抛光，用粗粒抛光剂将加工的工作面粗抛一遍，尽量抛掉工件上的磨痕，然后用红铁粉细抛光，多抛几次就可给金银器上光。抛光后把金银器放进有清洁剂的温水中清洗，用小刷子蘸上温水刷洗金银器表面的抛光剂，干净后用吹风机把金银器烘干。

第二节
装饰工艺

镶嵌是一种传统工艺，是指把一种物体嵌入到另一种物体内。镶嵌工艺出现较早，最初主要运用在青铜器上，如金银错其实就是一种镶嵌工艺。这种手法对后来金银器的制作也产生了深远的影响。唐代时，镶嵌法便开始大量用于金银器制作，将宝石、珍珠等嵌入金银器上，文献中称为"宝钿"，"钿"即为镶嵌之意。明清以后，金银器镶嵌工艺大行其道，以金银为载体，用焊接、爪齿、包边等方法将宝石、珍珠等被镶嵌物体固定并凸出在表面，该工艺在金银器加工行业及首饰加工行业应用比较广泛。黄金白银的美丽光泽配上各种璀璨宝石，使金银器更显华贵典雅。

挂坠上镶嵌的宝石

镶嵌工艺不仅为金银器增添光彩，也能弥补玉石等被镶嵌物的缺陷。历史上盛传有"金镶玉"之说，是指花丝镶嵌技艺与玉石雕刻的完美结合。一块有瑕疵的美玉，经过匠心独具的设计构思，利用镶嵌工艺在瑕疵处恰到好处地镶一小组图案就可以使宝玉变得完美无瑕，使整件艺术品每个部分都天衣无缝，价值骤升。

现代镶嵌工艺是传统镶嵌工艺的继承与发展，在目前金银器生产和首饰制造方面广泛应用，包括爪镶、包镶、钉镶、轨道镶、微镶等。

錾刻工艺是我国古代金工传统工艺之一，是指在器物成型之后的进一步加工技术，主要用于器物的纹饰制作。錾刻工艺始于春秋晚期，盛行于战国，至今依然为匠师们沿用。通常是使用小锤锤击各种形状的钢錾，在器物表面留下各种凸凹不一、深浅有致、或光或毛的錾痕，组成不同纹理的图案，在器物表面产生多层次的立体装饰效果。

錾刻工艺，也称錾花工艺，需要非常精细准确的刀法，唐代金银器上丰满富丽的纹饰大多是錾刻而成的，图案花纹有深有浅，富有艺术感染力。古代錾刻在我国江南一带比较流行。云南、西藏、内蒙古、新疆等少数民族地区，制作金银器也较多地使用錾花工艺。

镂空也属錾刻工艺的一种，这种方法是将器物上不需要的部分錾刻掉，形成镂空的纹样。有的镂空金银器还故意錾出编织纹路，显出编织效果。如西安何家村出土的用来焙烤茶叶的"鎏金提梁银笼子"，器身上的球路纹就是錾刻镂空的，工艺非常精致。

金银错

金银错是我国古代金属细工装饰工艺之一，也称"错金银"，主要用于装饰青铜器，于春秋中晚期开始兴盛。从目前考古发现的战国、两汉数以千计的金银错青铜器来看，金银错表现的形式主要有铭文、几何云纹、动物纹及狩猎纹。

金银错有镶嵌和涂金两种手法。

镶嵌手法是指在器物表面刻出沟槽，以同样宽度的金银线、金银丝、金银片等按纹样嵌入其中，构成图案或文字，随后用砾石磨光表面，这种手法又叫镂金装饰法。我国著名学者史树青教授在《我国古代的金错工艺》一文中，对这种方法有过详细介绍。其制作分四个步骤：第一步是预刻凹槽，以便器物铸成后，在凹槽内嵌金银；第二步是錾槽，"铜器铸成后，凹槽还需要加工錾凿，精细的纹饰需在器物表面用墨笔绘成纹样，然后根据纹样，錾刻浅槽，这在古代叫刻镂，也叫镂金"；第三步是镶嵌；第四步是磨错，"金丝或金片镶嵌完毕，铜器的表面并不平整，必须用错（厝）石磨错，使金丝或金片与铜器表面自然平滑，达到严丝合缝的地步"。

和田玉金银错壶

金银错还有另一种手法，即涂金装饰法。《说文解字》对"错"的解释为"错，金涂也"，《康熙字典》对"错"字的解释为"金涂谓之错"。通过以上解释，我们可以理解为凡是在器物上布置金银图案的，就可以叫错金银。这种工艺过程是将金银置入汞（水银）中，溶成金汞剂，用金汞剂在青铜器表面涂饰各种错综复杂的图案纹饰，或者涂在预铸的凹槽之内；然后再用炭火烘烤，使汞（水银）蒸发，金就附着在青铜器表面，再用玛瑙或玉石做成的压子在镀金面上反复磨压，加固和磨光镀金层一般需要重复2~3次。目前出土的战国秦汉金银错铜器中，多数是用这种"金涂"法制成的。

鎏金工艺即"涂金装饰法"。汞在常温下呈液态，制汞的方法并不复杂，低温溶烧丹砂即可出水银，水银加热至400℃即能熔解金、银。所以在先秦时期鎏金法便应运而生。自战国以来曾大放光彩，尤以两汉最为普遍，一般用于铜器上，也用于银器但很少见。河南辉县固围村一号墓祭祀坑，出土的两枚鎏金的铜兽，是已发现的最早的鎏金器物。山东淄博齐王墓随葬坑出土的三件鎏金银盘，为高超的鎏金工艺精品。唐宋时期的银器上大多局部鎏金，

第三章　巧夺天工——金银器的工艺

文献中称之为"金花银器"。鎏金工艺可分为通体和局部两种。局部鎏金只在纹饰部分鎏金，有的是在刻好的花纹处鎏金，主要流行于唐代前期；有的是先鎏金再錾刻花纹，流行于中晚唐时期。鎏金技术除了广泛用于银器或银器的纹饰之外，在宗教和古建筑中应用也较为普遍。如藏传佛教建筑，常常使用大量的黄金鎏在寺庙的房顶制成为"金顶"，在蓝天的衬托下更显得庄严和神圣。如江苏邗江出土的空心小金球，是用两个较大的金圈和十二个较小的金圈焊接成24面的空心球体，再在24处金圈相接的地方分别焊缀4颗小金珠，共计96颗，精美绝伦。再如陕西西安沙坡村出土的"金灶"，全件用金线、金粒焊缀，灶壁和锅的周围饰有细金丝交错的云纹，内嵌绿松石。锅内盛满了金珠做成的"米"，粒粒可数，极为精致可爱。

贴金与包金

贴金，是用胶漆之类的黏合剂把金片贴于某种器物的装饰部位，或利用器物的凹凸面使之紧贴于器物的表面。处理得较好的贴金常被误认为是鎏金。此工艺最早在商代中期就已经被采用，主要使用于先秦时期。贴于漆器表面的叫"金髹"或"浑金漆"。贴金专用材料主要有金箔、银箔、铜箔、铝箔。

传统贴金装饰方法是将金箔用竹钳子夹起，贴在有黏性的底子上，一般贴于织物、皮革、纸张、各种器物以及建筑物表面作装饰用。贴金的底子，用鱼鳔胶水遍刷一层，这是唐宋的古法。唐代贴金工艺已经非常普遍，宋代时期由于黄金竭乏，素有销金禁令。元、明、清时期，贴金工艺主要用于建筑装饰。

包金是一种既有保护功能又有

贴金器物

装饰器物作用的工艺，所包对象一般都是小型器件。所谓的包金，是指在铜器等器物外面包上一层薄金片，这种工艺手法在西周时期已被采用，主要用在金银器不太发达的先秦时期。包金和贴金一样，都属于薄金工艺。

金银平脱

最早产生于汉代，金银平脱这种工艺做工精细、费工费料，但器物相当精致美观，价值也水涨船高。

早在公元前16世纪，商代就已经出现了锤打金片作为装饰的工艺，但由于技术落后，金片只能简单地附着于器物表面，以表现精美华丽。春秋战国时代，将这种贴饰技术发展为"金银错"，即将金银丝纹样镶嵌入器物表面的刻纹之中，陕西出土的战国铜壶就是运用了这一先进的技术。汉唐盛世，这一工艺达到了鼎盛时期，尤其是唐代，工匠们在前人的基础上进行改良，普遍应用于漆器的装饰制作，形成了"金银平脱"技术。

在唐代时期，为了炫耀富丽堂皇的生活，贵族们在使用的漆器上大量运用金银做装饰。工匠们将金银熔化，制成箔片，并剪镂成各种花纹；然后，将金银箔片贴于漆器表面，再涂上两三层漆，待干后研磨，让漆层下的金银箔片显露出来；最后，形成与漆底在一个平面上的装饰纹样。

后世利用此种工艺技术刻镂丝帛之类，既而用于剪纸花样。在民间，人们大量剪裁比金银便宜的丝织品作为华胜，装饰头鬓。南朝宗懔在《荆楚岁时记》中记载，每年的正月初七是人日，在这一天要举行许多特殊的活动来庆祝"人日"。人们不仅要张灯结彩、登高赋诗，还要剪彩丝帛为各种人形，贴在发髻上以示祝贺。在这一天，许多家庭喜欢将剪刻的金银箔片装饰在屏风和窗门上，目的都是为了祈求风调雨顺、万事如意。这些节日里的活动形成了窗花艺术的起源。此时的剪刻艺术已经同民间风俗融合在一起，为民间剪纸的产生和发展奠定了坚实的基础。

第三章　巧夺天工——金银器的工艺

点翠

点翠工艺是首饰制作中的一个辅助工种，起着点缀美化金银首饰的作用。该工艺的发展在清代乾隆时期达到了顶峰。它的制作工艺极为繁杂，制作时先将金、银片按花

女子的头饰——点翠

形制作成一个底托，再用金丝沿着图案花形的边缘焊个槽，在中间部分涂上适量的胶水，将翠鸟的羽毛巧妙地粘贴在金银制成的金属底托上，形成吉祥精美的图案。这些图案上一般还会镶嵌珍珠、翡翠等珠宝玉石，越发显得典雅而高贵。点翠的羽毛以翠蓝色和雪青色的翠鸟羽毛为上品。由于翠鸟的羽毛光泽度好，色彩艳丽，再配上金边，做成的首饰佩戴起来可以产生更加富丽堂皇的装饰效果。

知识链接

描金工艺

指用笔勾画金线的工艺。在传统工艺中，常常对大型壁画、屏风和挂屏的彩绘使用描金工艺。描金使用的金粉调以胶水，自然干燥后金粉的线条常年不变色，画面显得金碧辉煌。在现代，描金工艺广泛运用于饰品、工艺品、家具、钟表、陶瓷的制作，目前使用金粉的已经不多，大多数以各种彩色金属合金与各种彩色盐类替代。

点蓝

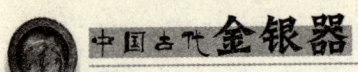

点蓝工艺又称"蓝工艺",与点翠工艺一样都属景泰蓝工艺。该工艺不是一种独立的工种,而是作为金器的辅助工种以点缀、装饰、增加色彩美而出现在首饰行业中的。金银器制作过程中的点蓝工艺就是景泰蓝工艺。采用这种工艺的工艺品晶莹夺目,金碧辉煌,具有浑厚持重、富丽典雅的艺术特色。

第三节
纹饰工艺

动物纹

动物纹主要包括龙、凤、鸾鸟、天鹿、天马、狮子、龟、摩羯等幻想的动物和瑞兽。

1. 龙纹

龙是人类幻想出来的一种动物,龙纹则是装饰纹样中最具生命力、最富中国民族特色的题材之一。古人认为龙是最高的祥瑞,故成为崇拜的百神之一。在中国古纹样装饰中,龙纹占有非常重要的地位,因此被大量装饰在玉

石、牙骨、陶瓷、织绣和服饰等诸多方面。封建时期，又将它与佛教、道教的神话结合起来，赋予新的神秘色彩，尤其在宫廷艺术之中，更是充满了龙的装饰。以龙作为装饰，大体包含了两种含义：《左传》"龙，水物也。"说龙是水神，是水中的灵物；另一说是天象的象征，《易·乾》"飞龙在天"，以飞龙象征宇宙的星宿。古代农业社会，非常注意天象，天象的变化足以造成人间的祸福。这是古人对大自然力量的一种幼稚的解释，龙则被看作是自然力量的形象化身。唐代金银器的龙纹多为单独的蟠龙或行龙，四足三爪，阔嘴长须，骧首奋冀，舞爪腾跃。在唐朝，龙还不是皇家专用图案和皇家标志，所以唐代工匠在塑造刻画龙时，主要是从艺术角度去表现，即怎样把龙表现得美，表现得劲健有力、气宇轩昂。

到明朝，统治者对龙纹的使用实行了垄断，尤其到了清朝对龙纹的使用非常严格，五爪龙纹是严禁民间使用的，三爪和四爪龙纹虽可以使用，但也主要以供器为主。清代金银器的龙纹日趋繁复，作为纹饰的主题，或与其他纹饰配合使用，在装饰技法上以绘画为主。

2. 凤纹

凤在远古图腾时代被视为神鸟而受到崇拜，它的出现往往被当作一种祥瑞，因此凤纹也被大量用来装饰各种器物。

在唐代的金银器上，早期的凤纹多为单独的立凤，中后期的凤纹多成双配置。其造型主要为朱冠金喙、鼓翼而舞、长尾华美、色彩斑斓。在唐代金银器中，龙和凤一般都是单独使用，还没有明显的龙凤配对意识。到了宋元明清时代，龙凤出现在金银器中，象征和比喻封建王朝的帝后。

凤纹托杯

3. 瑞兽纹

除了龙、凤这两种神兽外，中国古代金银器上还常见其他动物纹饰。这些动物因具有吉祥寓意，称为"瑞兽"。所谓瑞兽纹，即是以某种兽类的图形作装饰以驱避邪恶或预兆凶吉，不同的兽类有不同的含义。常见的瑞兽纹有狮纹、熊纹、鹿纹、龟纹、摩羯纹。

4. 立鸟纹

立鸟纹是一种外来纹饰，在唐代的金银器上最为常见。不过唐代的立鸟纹大多姿势优美，体态生动，尤其是后来，它们以中国人喜爱的成双配对的形式出现，并增添了飞腾的动感。而萨珊的立鸟呆板，多侧身像，身体僵直，皆单个出现。

5. 鸟兽缠枝纹

缠枝鸟兽纹是在中国传统云气纹样的基础上糅合了外来纹样的特质而形成。也有人认为，缠枝纹伴随着佛教艺术出现在中国，早在南北朝时期就已经非常成熟而流行，唐代金银器上的这种纹样应该是南北朝风格的发展延续。

植物纹

植物纹，是古代金银器中表现得最多的题材，既有写实的，也有图案化的。由于学者划分的标准不一，具体的定名也各不相同。主要包括忍冬纹、缠枝纹、团花纹、折枝花纹、宝相花纹、莲叶文、绶带纹等。

如意纹银片

1. 忍冬纹

忍冬又称"金银花"，因冬季不凋谢而得名。忍冬纹是西方传入中国的重要纹样之一，流行于魏晋南北朝时期，多用于石刻、壁画等。唐代忍冬纹多为三曲至五曲的半片叶，作为装饰或两叶对卷，或与枝蔓结合对称侧卷，或与其他纹饰共同构成花结、团花。

2. 缠枝纹

中国在晋唐以前，植物类纹样并不发达。佛教传入中国后，装饰纹样较多地接触外来植物纹。缠枝纹很有可能是在中国传统云气纹样的基础上糅合了外来纹样的特质而形成的。唐代的缠枝纹是以各种花草的茎叶、花朵或果实为题材，以"S"形曲线为骨架的花卉纹样，是唐代金银器中最常见的植物纹饰。

3. 团花纹

团花是一种泛称，不能确切地指出属于哪种植物的花朵，团花纹一般指外轮廓为圆形的装饰纹样。在金银器中，这类花朵均是一朵盛开花瓣的正视形或俯视形，由中心多层次地向外展开，交错叠压。在隋唐时期最为流行，形象更显生动，成为一种特色的装饰纹样，后人称为"唐草"，是唐代金银器中最常见的植物纹饰。

4. 宝相花纹

宝相花是圣洁、端庄、美观的理想花形。宝相，是佛教徒对庄严佛像的称呼。宝相花是象征性的花纹图式，是魏晋以来伴随宗教盛行起来的，其构成方法是将牡丹、莲花、菊花、茶花的花朵、花苞、花托、叶片等形象素材，以四向对称放射或多向对称放射的形式组成一种多层次、表现花朵整体平面的花纹。它与团花极易混淆，一般说来，团花纹是比较写实的自然花朵，而宝相花则更为图案化。如西安市南郊何家村出土的飞狮六出石榴花结银盒，捶击成型，平錾花纹，纹饰涂金。盒的四周有六朵宝相花组成的串枝花，边沿饰柳叶纹一周。

5. 花结

过去往往被称为"团花"。其实，团花呈圆形或椭圆形的实体纹样，而花结是以忍冬、蔓草、葡萄、莲枝、石榴等枝叶或果实编结成石榴形、柿形或桃形的中空花朵。如西安市郊区三兆村唐墓出土的忍冬花结银熏球，捶击成型，镂刻纹饰，上下球体的纹饰均为镂空的三重结构，第二重为六朵柿形忍冬纹花结，第三重为六朵桃形忍冬花结。

6. 折枝花纹

这是中国古代传统的纹饰之一。所谓的折枝花纹就是指截取某种花草的一枝（颗）或部分作为装饰的纹样，一般有花头、花苞和叶子。金银器上的折枝花大多比较写实。例如故宫博物院藏的折枝花纹高足银杯，捶击成型，平錾花纹，杯身每瓣均錾折枝花一朵，圈足面上相间排列折枝花和如意云头等。

7. 勾莲纹

唐宋时期，工艺品上大量出现花卉图案，这一习俗一直影响到明清，莲花纹成为器物上最常用的花卉纹饰之一。受外来文化的影响，清代的一些莲花图案或蕃莲图案在花卉旁往往带有细长的枝蔓，称之为"勾莲纹"。

勾莲双凤纹银盆

8. 莲瓣纹

中国古代传统的纹饰之一，早在西周时期已应用于青铜器上。多装饰于器物颈、肩、颈、足等部位，有圆头莲瓣、尖头莲瓣、仰莲瓣、覆莲瓣等。莲花俗称"佛花"，是在佛教文化影响下流行的纹饰。明代前期，金银器的装饰风格开始由元代的繁复变得疏朗、简练，永宣时期的莲瓣纹的特点是趋于自然写实，莲瓣内的装饰越来越简单，多采用"以青托白"的手法。

明代中期，金银器的装饰风格逐渐转变，构图层次比以前减少，边饰的使用也大大少于前期。永宣时期流行的双层莲瓣仍然大量使用，"以青托白"的手法逐渐很少采用。开始盛行大莲瓣之间夹小莲瓣的单层莲瓣纹，排列方式是在两个大莲瓣之间加一个小莲瓣。大莲瓣里的图案较复杂，小莲瓣则相对较简单。

到了明代后期，莲瓣纹除继续沿用中期的式样之外，总趋势是向图案化发展；有些经过图案化的变形处理后，发展成为纯几何图形的连续组合。

9. 过枝花

中国古代传统的纹饰之一。过枝花又叫"过墙"，是一种构图技法，将一枝花繁叶茂的枝干，故意从器外壁画起，经过口沿，延续到器内壁。清代粉彩瓷多见过枝花，有过枝牡丹纹、过枝桃花纹等。

10. 卷草纹

中国古代传统的纹饰之一，卷草纹是金银器上常用的一种辅助纹样，以柔和优美的波状曲线组成连续的草叶纹样装饰而得名。

传统吉祥图案

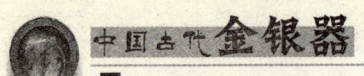

我国古代传统吉祥图案，凝结了中华民族的文明，被广泛应用于人们生活中的各个层面。吉祥图案不仅在金银器的纹饰中常见，且普遍应用在陶瓷、木雕竹刻、漆器、青铜器等其他传统工艺及染织、剪纸、皮影、年画等民间艺术中。

1. 如意

"如意"寓意吉祥，顺合心意，美满幸福。称为"如意"的器物有四种：一是挠痒的"搔杖"，俗称"痒痒挠"；二是预防不测的器物，古人将其悬挂于墙上；三是顶端像云纹的僧具，用于佛家礼仪或记事；四是宫廷的吉祥玩赏物。清中期以后，作为官员朝晋的仪表与标识，也是皇族贵戚的馈赠品。民间美术中的如意多取第四种造型，"S"形曲柄，柄端为云头或灵芝造型。

2. 方胜

方胜纹由两个菱形图案组成。"胜"原指古代妇女之首饰，传说为神话中西王母所戴，古人视其为祥瑞之物。"胜"的名目繁多，其中以彩绳结成的称彩胜；菱形的首饰，有金胜、银胜、织胜、罗胜、花胜等，多以材料或形象命名。"方胜"作为辟邪的吉祥图案流传至今。

3. 八宝

又称"八吉祥"或"八宝吉祥"，由法螺、法轮、宝伞、华盖、莲花、宝瓶、金鱼、盘长八种佛教法器组合构图。其中盘长又称八吉。

4. 暗八仙

八仙手持的八件宝物称"暗八仙",分别为李铁拐的宝葫芦、吕洞宾的宝剑、汉钟离的蕉叶扇、张果老的渔鼓、韩湘子的玉箫、曹国舅的玉板、蓝采和的花篮、何仙姑的荷花。传说八仙的宝物各有神通,民间常以暗八仙为护身符,祈求八仙的护佑。

暗八仙古花板

5. 三多

以石榴、桃、佛手组合构图。桃象征"长寿",佛手象征"福",石榴因其多子,被视为子孙昌盛的象征。三种果实组合,寓意多福、多寿、多子。

6. 双喜

图案为一个双喜字"囍"。由两个喜字组成的"囍",是家喻户晓、婚礼上不可缺少的吉祥符号,读作"双喜",有时也写"双禧"。"禧"字是福或喜神之意。由喜、禧、"囍"等字组成的图案俗称"喜喜字花",多用于新婚祝贺。

7. 寿字

寿字有各种变体,瘦长的称"团寿",变形的寿字都有特定的吉祥寓意。此外,篆体的寿字与"万"字符组合即"万寿"。

8. 百家姓

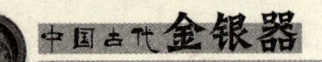

在长命锁的配件上，镌刻多种姓氏，寓意有一百个家族在护佑孩子健康成长。

9. 四季平安

图案常用插在瓶子里的梅花、牡丹、荷花、菊花或水仙、荷花、菊花、梅花来代表四季。"瓶"与"平"同音。"四季平安"是说一年四季美好、平安。

10. 富贵平安

以牡丹、花瓶组成图案，又称"平安富贵"。牡丹寓意富贵，花瓶寓意平安。组合图案象征合家安康，生活富足。

11. 福寿双全

以蝙蝠或佛手与桃组合构图。其中蝙蝠的"蝠"、佛手的"佛"均与"福"谐音，桃象征寿，"福寿双全"，福、寿兼而有之。"福寿双全"也有用"福"和"寿"的汉字组合表示。

12. 连年有余

以童子、鲤鱼和莲花等组图。因"莲"与"连"谐音，"鱼"与"余"谐音，组合图寓意生活美满、富足，年年都兴旺。

13. 金玉满堂

多以金鱼构图。"金玉满堂"典出于《老子》："金玉满堂，莫之能守。""金玉"指金石珠宝，泛指财富。"金鱼"与"金玉"谐音，故多借金鱼而喻"金玉"。"金玉满堂"即财富充盈，也用于比喻富于才学之人。

14. 富贵牡丹

又称"花开富贵",以牡丹构图。牡丹为群芳之首,雍容华贵,国色天香,又称"富贵花",有富贵、祥瑞、美好之寓意。牡丹与花篮组成图案,称"富贵花篮"。

15. 喜从天降

蜘蛛又名"喜蛛"、"喜子"、"喜母",体细小,长腿,色暗褐,常在树丛中结网。葛洪《西京杂记》:"乾鹊噪而行人至,蜘蛛集而百事喜。"在吉祥图案中,喜蛛脱巢坠丝而降,寓意喜事即将降临。

人物故事纹

人物故事纹指以人物活动或人物形象为内容的纹饰。既有反映历史人物的,也有反映当代社会生活的图纹。反映历史人物的,有描写周文王访姜太公以及"子路"、"少正卯"等春秋人物的故事。反映现实题材的以狩猎最为多见。仕女生活题材则尤为多姿多彩,另有童子嬉戏,穿戴不同、手持各种乐器的人物,反映宗教信仰的飞天、菩萨、罗汉等佛教形象。

1. 寿星

即南极仙翁。从周秦开始,历代都有祭祀寿星的活动,至东汉时期,祭祀寿星被历代皇朝列入国家祀典,至明废除。寿星最初寓意职掌国运之长久,后被奉作世间寿考之神。

寿星纹银饼

2. 福寿禄三星

又称"福寿禄三星"、"三星拱照"、"三星在户"。传说福星、禄星、寿星是主管人间福、禄、寿的三位神祇，福星司祸福，禄星司富贵贫贱，寿星司生死寿考。此图案寓意三星在户，全家幸福、富裕、长寿。

3. 和合二仙

源于唐代的二位高僧——寒山与拾得。和合二仙是民间传说中的团圆神和喜庆神。清雍正帝时封寒山为"和圣"，拾得为"合圣"。寒山手捧一盒，拾得手执一荷。"盒"、"荷"与"和"、"合"谐音。"和合"有同心和睦、迎福纳祥之意，以至后来渐兼为婚姻和合的喜神。

4. 五子连科

又称"五子登科"、"五子高升"，构图以五童子汇聚一堂为主。传说古时有一家教子得法，五个儿子均登科高中并做了大官。五子登科图常用于装饰婚嫁物品。

5. 状元游街

为状元高中后骑马游街的画面，寓意科举及第，仕途顺利。花纹饰于发饰步摇等金银饰品中。

除了这几种主要纹饰外，金银器上还有连珠纹、三角纹、云气纹、叶瓣纹等附属纹样，装饰于各种器物的口沿、底边或折棱处，在器物的美化、缀饰中是不可缺少的。

第四章

万古流芳——著名金银器鉴赏

中国古代金银器不仅类型多样，题材广泛，而且工艺复杂精细，科技含量很高。从其用途划分，不但包括了生活器皿、服饰、宗教用具、殡葬用具、医药保健用具、钱币、工具等大类，另外还有少量祭祀、兵器、模型等类，几乎遍及社会生活的各个方面。本章将带您一起欣赏我国古代著名金银器。

第一节
古代著名银器

战国银卧鹿

它为战国银器,通高 8.5 厘米,长 10 厘米。1957 年于陕西省神木县纳林高兔村出土,现藏于神木县文化馆。共五件,三雌二雄,图为雄鹿之一。雄鹿昂首前视,两耳竖立,四肢屈曲作卧伏状。头部双角弯曲向后倾斜,分为五叉。长蹄尖出,状如柳叶。此鹿姿态雄健,形象鲜明,为匈奴银雕工艺之精品。

战国银卧鹿

秦代右游银盒

它是秦代银器,出土与藏处同上例。该银盒通高 12.1 厘米,腹径 14.8

厘米，重572.6克。此盒子母扣，圆底，矮圈足外撇，盖的形制与器体的形制基本相同。盖上有三个小钮。盖沿和器沿均饰麦穗纹，盖上和器腹饰正反相错的浮雕状水滴纹。秦居关中，八百里秦川盛产麦子，故以麦穗为纹饰。秦占水德，以水为贵，故又以水滴为纹饰。盖上刻有铭文三处，共20字。圈足刻有铭文两处，字数已不可详辨。

秦代右游银盒

铭文释文为"□，一斤四两，右游，私官□，三斗大半"。

汉代银锅

它是汉代银器，高19.5厘米，直径45.7厘米，1994～1995年狮子山汉墓出土。银锅平折沿，短直颈，两侧各有一环形耳，鼓腹平底。腹上阴刻"宦眷尚浴沐锅容一石一斗八升重廿一斤十两十朱第一御"。出土时，锅内盛有搓澡用的圆形搓石数个，漆木奁盒一件，漆笥一件。漆木奁已残朽，内有化妆用品。漆笥内装有植物的茎叶，还叠放一件浴巾。植物的茎叶是药浴所用的保健药材。

唐代金银丝结条银笼子

它是唐代银器，通高15厘米，厚0.2厘米，长20厘米，重355克，1987年于扶风县法门寺地宫出土，现藏于法门寺博物馆。

此笼是装茶叶的器皿，状如鸟笼。笼子由上盖、提梁、笼体和足四部分组成，全用金银丝编织而成。丝径极细，纹样呈长六角形透空，孔眼似蜂房状。提梁用素银丝结为复层，系结于器身两端。盖体稍微隆起，盖与盖沿的交棱线为金丝盘旋成的连珠。盖中心为金银丝编成的浮屠状装饰物。器足由镏金银丝盘旋成三个旋圈套，状似兽爪，足上部有兽面装饰。此笼出土于法门寺地宫后室，是唐懿宗赐给法门寺的整套茶具中的一件，为晚唐宫廷茶具。

唐代双环耳银锅

它是唐代银器，高13厘米，口径28.2厘米，1970年于西安市何家村出土，现藏于陕西历史博物馆。

此银锅平底侈口，腹部向外鼓出一圈圆台。锅唇部焊有与锅口平行的双耳，双耳上立有环状把手。通体素面无纹，锅体为锤击成型。

知识链接

錾花工艺

錾花是用锤子击打形状各异的錾刀，在金器表面上形成凸凹深浅、或光或毛的图案和纹样的一种金属变形工艺。

有阳錾、阴錾、平整、镂空等，用錾、抢等方法雕刻图案花纹，图案花纹有深有浅，需要有非常精细准确的刀法。我国的錾花工匠主要集中在江南一带。

唐代鎏金三钴杵纹阏伽瓶

它是唐代银器，高 20.5 厘米，腹径 14 厘米，1987 年于扶风县法门寺地宫出土，现藏于法门寺博物馆。

阏伽瓶是坛场作法的阏伽法器之一，也称功德瓶。内盛净水，主要用于诸尊洗涤烦恼陈垢，也可用来盛装供奉诸尊的其他宝物或插放花果枝条等。

此瓶颈饰如意云头纹，腹饰四个莲瓣纹圈成的四曲圆图。内饰十字三钴金刚杵纹，圆图之间以两周弦纹相接，腹下部饰一周八瓣仰莲。仰莲间立有三钴金刚杵。圈足呈喇叭形，上部一周半饰圆形凸棱，棱上饰柿蒂状双坏纹，棱下为一周覆莲瓣，莲瓣间以倒竖的三钴金刚杵为饰。

佛学在修法上常用金刚杵。金刚杵分独钴金刚杵、三钴金刚杵、五钴金刚杵、七钴金刚杵、九钴金刚杵五种，比喻人的修行程度。三钴金刚杵表喻三界真空：内空、性空、心空，也就是一切清净，毫无挂碍。

唐代鎏金带钏面三钴杵纹银臂钏

它是唐代银器，钏面直径 4.6 厘米，钏面（戳高）2.8 厘米，总重 216.5 克，1987 年于扶风县法门寺地宫出土，现藏于法门寺博物馆。

此器铸造成型，经钣金、焊接制成。纹饰鎏金，以鱼子纹衬地。钏体作双弧状，椭圆形钏面，钏面凸出于环外呈圆戳状，外缘绕一周莲瓣，后缘饰一周流云纹，仰莲流云纹底上饰四处十字形三钴杵纹，也称羯磨金刚杵纹，十字交叉的中心部分凸成圆铸珠状。

盝顶银宝函

唐代鎏金四天王盝顶银宝函

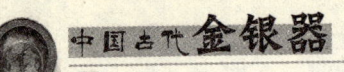

它是唐代银器，高23.1厘米，重299克，1987年于扶风县法门寺地宫出土，现藏于法门寺博物馆。

此函正方形，盝顶、函体和函盖以铰链相连。盖面錾两只飞龙，张牙舞爪，栩栩如生，飞龙间有一火焰珠。四侧斜刹各錾双狮戏珠纹，底衬卷草。立面边栏则各饰两只人身阔尾形迦陵频伽鸟，一作双手合掌，一为双手捧莲。侍从除天龙部众外，还有唐代冠服的人物形象，说明密宗不仅为统治者所虔诚信奉，更与世俗文化紧密结合在一起。

盝顶为中国古代建筑的一种屋顶样式，顶部有四个正脊围成为平顶，下接庑殿顶。盝顶在金、元时期比较常用，元大都中很多房屋都为盝顶，明、清两代也有很多盝顶建筑。例如明代故宫的钦安殿、清代瀛台的翔鸾阁都是盝顶。

迦陵频伽鸟为佛教中一种鸟神，传说生于雪山，在蛋壳中即能鸣叫，其音和稚，听者无厌，故名妙音鸟。

鎏金如来说法盝顶银宝函

它是唐代银器，高16.2厘米，边长14.8厘米，重1660克，1987年于扶风县法门寺地宫出土，现藏于法门寺博物馆。

此宝函为银质，钣金成型，通体錾饰仡纹并涂金。函体正方形，盝顶，函体和函盖以铰链相连，前置锁钥，顶盖可以启合。盖面中心錾一枚宝轮，宝轮四侧的莲花上各有一只迦陵频伽鸟，或双手合十，或双手捧莲。四角隅各立一枚三钴金刚铃，周边衬饰卷草，斜刹各錾两只凤鸟，立沿各饰两体飞天。宝轮喻示佛之轮圆俱足，也为释尊八相之初转法轮，即在鹿野苑向一起修行过的五比丘说法。函体四面皆錾有密教造像，学术价值远远超过艺术价值。

唐代 "敬晦进" 折枝团花纹银碟

它是唐代银器，高 3 厘米，口径 17 厘米，底径 11 厘米，1958 年于陕西耀县柳林背阴村出土，现藏于陕西历史博物馆。

此碟银质，呈五曲莲瓣形，浅腹圈足，装饰面采用唐代晚期金银器流行的五等分法。盘心有一朵由四朵小簇花组成的团花，花心有一凤鸟，使团花显得丰满并具有立体感。内腹壁采用散点装饰法錾刻五簇小宝相花，花纹明朗。口沿饰仰莲瓣纹一周，外底刻方格纹并錾有"盐铁使臣敬晦进十二"九字。

唐代镏金卧龟莲花纹银香炉

它是唐代银器，香炉高 29.5 厘米，炉台高 10.8 厘米，1987 年于陕西扶风县法门寺地宫出土，现藏于法门寺博物馆。

香炉由炉盖、炉身组成，花纹涂金，炉盖呈覆钵形，盖沿宽平下折，恰与炉身口沿相扣合，沿面錾饰背分式忍冬纹并勒刻"一字号"三字。盖面高隆，底缘錾一周莲瓣，肩部分錾五朵莲花，莲花上各卧一龟，龟首反侧，口衔灵草，莲花间以花蔓缠绕。盖钮为火焰宝珠，以两重莲瓣承托，莲瓣凿空，可使香气外溢。

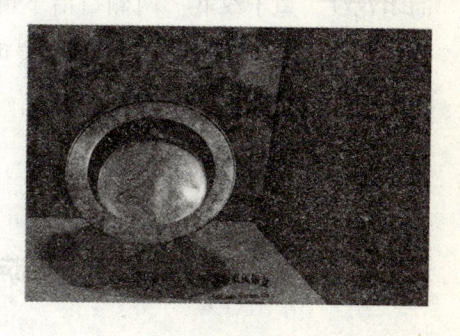

鎏金双凤银盘

唐代镏金春秋人物三足银罐

它是唐代银器，高 5.8 厘米，口径 3.2 厘米，腹围 20 厘米，1958 年春于陕西耀县柳林背阴村出土，现藏于陕西历史博物馆。

此罐腹圆而鼓，分三曲。腹部纹饰分为上下两层：下层排列忍冬花纹图案，上层錾刻春秋人物画，衬以流云萱草，并有"子路"，"论语：灵公问政"，"少正卯"等字。

唐代鎏金镂空飞鸿球路纹银笼子

它是唐代银器，通高17.8厘米，腹深10.2厘米，重654克，1987年于陕西扶风县法门寺地宫出土，现藏于法门寺博物馆。

此器系模冲成型，通体镂空，纹饰鎏金，状如鸟笼。盖为穹顶，口沿下折，顶面錾饰十五只飞鸿，口沿上缘錾饰一周莲瓣纹，下缘饰一周上下错列的团花纹，鱼子纹底。两侧口沿下铆有环耳，套住提梁。提梁截面呈扁六棱形，上接银链，银链的另一端与盖顶相连。笼体口沿处也饰以一周团花纹，腹壁錾三周二十只飞鸿，均两两相对。通体镂空处作球路纹。这种图案在唐代基本定型，后流行于宋代。

唐代鎏金捧真身菩萨

它是唐代银器，通高38.5厘米，1987年于陕西扶风县法门寺地宫出土，现藏于法门寺博物馆。

此器为银质，分菩萨和莲座两部分。菩萨浇铸成型，高髻，头戴宝冠，面颊丰腴，仪态万千。菩萨手捧金匾，金匾为长方形，用银片模压而成，正面满涂金色，边沿饰一周宝相花。匾文竖行，共六十多字："奉为睿文英武明德至仁大圣广孝皇帝敬造捧真身菩萨永为供养伏愿圣寿万春圣枝万叶八方来服四海无波咸通十二年辛卯十一月十四日皇帝诞庆日记。"

宝相花，我国传统装饰纹样之一，盛行于隋唐时期，是一种寓有宝、仙之意的装饰图案。一般以牡丹、莲花为主体，中间镶嵌着形状不同、大小粗细有别的其他花叶。尤其在花芯和花瓣基部用圆珠作规则排列，像闪闪发光的宝珠，加以多层次退晕色，显得富丽堂皇。古代，我国纹饰主要是以动物和几何图形的纹饰为主。从魏晋南北朝开始，在佛教装饰艺术的影响下，植物花卉题材的纹饰渗透到了包括陶瓷装饰、建筑装饰和金属器皿装饰等几乎所有的艺术领域。佛教将莲花视为圣洁、吉祥的象征。自南北朝开始，莲花纹饰便被大量运用于装饰艺术之中了。

唐代鎏金翼兽纹六曲银盘

它是唐代银器，高1.4厘米，口径15.3厘米，1970年于西安市何家村出土，现藏于陕西历史博物馆。此盘银质，六曲葵花形，折沿，浅腹平底。盘心处贴焊一只振翅扬尾的双足独角异兽，尾、翼等处还用阴线錾刻出细部，显得细腻生动。银盘经抛光处理，呈灰白色，光亮如新，中心部位的纹饰经鎏金处理后，金光灿灿，充满神异色彩。

唐代六瓣凸花银盘

它是唐代银器，高1厘米，口径15.5厘米，1972年于西安市南郊曲江池村出土，现藏于西安市文物管理委员会。

此盘宽沿平底六瓣形，锤击成型，模冲花纹。盘心有一朵五瓣形团花，外绕一株阔叶折枝花，纹饰涂金。下有三足，已经遗失。

唐代的花鸟绘画已有相当发展，花鸟题材在工艺装饰中占有重要位置，使这一类的工艺制品无论是在质量上，还是在数量上都有较大的发展。

唐代鎏金银茶罗

　　它是唐代银器，器形为长方体，由盖、罗、屉、罗架、器座组成，均为钣金成型，纹饰鎏金。顶盖面錾两体首尾相对的飞天，身侧

鎏金银茶罗

衬以流云。盖刹四侧及立沿饰卧云，罗架两侧饰头束髻、着襃衣的执幡驾鹤仙人，前后两侧錾相对飞翔的仙鹤及云岳纹，四周饰莲瓣纹。罗、屉均作匣形，分内外两层，中央罗网；屉面饰流云纹，有梅花形衬垫的拉手，用来承接过罗的茶末；罗架下焊台形器座，四周为镂空的桃形壶门。

　　唐代，当茶碾末后，必须放入罗子里筛，分开精粗，以便贮用。但罗子是什么样子的，谁也说不清楚。陆羽在《茶经·茶之器》篇有"罗合"一节，说它是一个"以竹节为之"或"屈杉以漆之"的有盖的盒子，用来罗茶的是用"巨竹剖而屈之成型，再绷上纱绢"的，这和南宋审安老人在《茶具十二先生》中画出的"罗枢密"甚是相似。但在考古材料和传世品中，从未见过这样圆圆的罗子。因此，陕西扶风县法门寺这件出土物，应是迄今为止我国茶具史上的第一件罗茶之具。

唐代鎏金银茶碾、碾轮

　　它是唐代银器，为陕西扶风县法门寺地宫出土的唐代系列茶具之一。根据同时出土的地宫藏宝《物账碑》记载："茶碾子"为"新恩赐物"，自唐懿宗咸通十五年（874年）正月四日封入地宫，因唐时人们饮的是饼茶，煎茶前先得将饼茶碾成末，方可煎煮，即茶碾是为碾茶用。

　　茶碾由碾槽、碾座、辖板组成。碾槽卧置于碾座之中，弧形尖底，横剖面

呈"V"字；碾座为长方形，横剖面呈"Ⅱ"状，其顶面台板和底板均较碾槽宽大，以此增强碾座的稳定性；碾轮中心插置执柄，碾轮中心较厚，边缘渐薄，周边凿出横向齿槽，以便碾轧。中国是茶的故乡，饮茶之习最迟于汉代开始，作为一种风尚，形成于南北朝时期，唐代则达于鼎盛，并有了陆羽的《茶经》。这套碾茶之器为唐僖宗所供奉，标注"五哥"即懿宗第五子僖宗。宋徽宗赵佶所著《大观茶论》所叙之"碾又银为上"正是皇室茶道的反映。

这件茶碾一改当时民间茶碾造型的正方体为长方体，更适应碾茶之需，而茶碾加盖，也更符合卫生要求，这也许是宫廷茶具与众不同之处吧。

唐代舞马衔杯银壶

它是唐代银器，通高 18.5 厘米，口径 2.3 厘米，底足径 7.2～8.9 厘米，重 547 克，1970 年于西安市何家村出土，现藏于陕西历史博物馆。

银壶为皮囊式马蹬型。扁圆腹，莲瓣纹壶盖，弓形提梁；一条细链连结壶盖与提梁，上口敛而底部呈扁弧形；壶底与圈足相接处有"同心结"图案一周，系模仿皮囊上的皮条结；圈足内墨书"十三两半"，是壶的重量，周身看不到焊缝。

壶腹两侧面用模具冲压舞马图，金色、奇异的马突出于壶面。马身健硕，长鬃披颈，前肢绷直，后肢弯曲下蹲，口中叼着一只酒杯，其上扬的马尾和颈部飘动的绶带显示出十足的动感。

唐玄宗李隆基在位后期，曾亲自驯练舞马。此壶选用舞马曲终的舞姿，加以艺术化处理，突出一个屈膝衔杯的舞马形象，灵动可爱。皮囊式壶，在唐代

舞马衔杯银壶

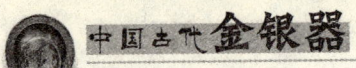

金银器中首次见到，它是汉民族与契丹文化交流的明证。此壶采用隐起雕花手法，造型独具。从工艺水平上看，它是唐代的杰出之作。

知识链接

镶嵌工艺

镶嵌工艺又称实镶工艺，主要工序如下：①制作零部件，通过锯割、插花、翻卷和锉削方法，将经过多次过火的黄金原料制成具有一定图案的部件。②焊接，将制作好的零部件按设计要求严丝合缝地拼接在一起，用焊药焊接起来形成主形体。③抛光，制作好的饰品用玛瑙刀、酸洗、抛光机等进行抛光。④镶嵌宝石，将宝石固定在饰品的主形体上，常见的镶嵌方法有爪镶、槽镶、包镶等。

北宋慧光塔塔基镏金玲珑银塔

北宋银器，1966年于浙江瑞安慧光塔塔基出土，现藏于浙江省博物馆。此塔通高34.8厘米，塔身四面七层，全用薄银片制成，通体镏金。下有须弥座，腰间镂刻壶门佛像，座面四周围以勾栏，一面镌刻二十六字题记，另三面雕武士像，塔南面辟门，从第二层起每层均开四个壶门，中间各有一尊坐像。顶冠塔刹，由仰莲、相轮、宝珠等组成，用链条与最上层的四角相连。每层四角悬挂象征性风铎，塔体轻盈挺秀，雕刻精致玲珑，是南方首次发现的宋代银制珍品。

南宋翘头小脚银鞋

南宋银器，全长 14 厘米，宽 4.5 厘米，高 6.7 厘米，出土于浙江衢州南宋墓中。

此鞋面与底均以银片焊接而成，鞋头高翘，鞋底尖锐。

宋代金银器纹样以秀丽脱俗为特色，与唐代饱满富丽的风格有着显著的差异。如镏金银执壶，南宋银器，高 23.4 厘米，现藏于福建博物馆。此壶侈口，鼓腹，喇叭形圈足，腹部一侧焊接管状流，另一侧为宽带式柄。壶盖直口折沿，与壶口扣合，盖面有圆圈状隆起，中部为柱形钮。壶身满饰双鸟组成的小团窠，盖沿饰二方连续三角纹，壶口外侧饰波浪形缠枝花卉纹，纹饰錾刻镏金。

此壶造型挺拔秀丽，壶嘴及柄较弯，更添柔美，纹饰题材新颖，布局疏密有致，展示了宋代工艺美术的特色和魅力。

宋代镏金银器多通体镏金，仅在纹样部分镏金的器物较少。此壶采用唐代金花银器的装饰方法，实不多见。

辽代镏金银鸡冠壶

辽代银器，盛水器，高 26 厘米，底长 21 厘米，宽 16 厘米，1979 年于内蒙古赤峰洞后村窖藏出土，现藏于内蒙古自治区赤峰市文物工作站。壶把为鸡冠形状，壶盖与壶身以银链相连，盖面錾刻对称的四瓣花纹，外沿錾刻八个四瓣花朵。壶颈较高，四周錾有牡丹纹。壶身鼓起，两面均在菱形图案中錾刻一只花鹿，鹿前后各錾刻山石、灵芝、海水，犹如仙境。壶身前面成三角形，三条边做成仿皮绳纹装饰。契丹银器制作工艺受唐朝影响较大，但器形和装饰花纹保留了本民族风格。此壶是辽国银器之精品。

辽代花瓣式银碗

辽代银器，出土及藏处同上例。该碗口径11~48厘米；足径26~26.5厘米。碗作花瓣状，敞口斜壁，轻盈小巧，为银片锤制。壶高颈，圆腹，圈足，通身錾刻精美纹饰。特别是大弧度的曲形执柄及又弯又长的流，清新流畅，无比精美。

辽代鎏金银鸡冠壶

元代镀金团花银圆盒

元代银器，高8.9厘米，腹径24.8厘米，足径17.5厘米，1959年1月于江苏吴县吕师孟墓出土，现藏于南京博物院。通体鎏金，饱满厚实。

元代银渣斗

元代银器，通高10.3厘米，盘径18厘米，腹径9厘米，底径5厘米，1960年4月于江苏省无锡市南郊钱裕墓出土，现藏于江苏省无锡市博物馆。此渣斗圆唇，浅腹，束颈，小平底，口部成平底圆盘形，外底压印"陈铺造口"四字。

元代银渣斗

渣斗又名唾壶，用于盛装唾物。也可置于餐桌，用于盛肉骨鱼刺等食物渣滓，小型者也用于盛茶渣。

明代六角錾花错金银錾壶

明代银器，通高 23.5 厘米，最大腹径 10.5 厘米，口径 5 厘米，底径 7.5 厘米，1977 年 10 月于北京市海淀区八里庄李伟夫妻合葬墓出土，现藏于首都博物馆。

此壶截面为六角形，每面刻有精细的花卉纹、飞鸟纹和叠石纹，壶颈有一周卍字纹，壶盖刻一组如意云纹，壶的圈足、把手及流上刻以繁密的缠枝纹和三角纹。纹饰部分错金。

明代吉祥纹银酥油灯

明代银器，高 23 厘米，底径 11 厘米，口径 15.2 厘米，1960 年于四川甘孜藏族自治州征集，现藏于四川省博物馆。

此壶敞口，边外卷，深腹，腹部满刻串枝牡丹、八吉祥图案。灯茎上下细中间鼓，四周各有一开光，开光内均镂刻吉祥图案。灯座上段锤鲽变体仰覆莲瓣纹一周，中部内收，下部舒展上翘，下段呈喇叭形，边沿饰海水纹。此壶为藏族宗教用具，器形敦厚，纹饰融进了汉族特色。

明代五十两银锭

明代银器，明成祖永乐六年（1408 年）银作局制，为带有年号的明代银作局银锭。银作局是明代专为宫廷制造金银器饰的作坊。目前已知存世的银作局银锭仅四件，其中两件带年号。有一件带有年号的银锭，上刻铭文为"银作局永乐陆年十一月内销铸花银五十两重作头顾阿福匠人仇士平陆字一千陆百七十号"。铭文详细，制作规范，保存完好，白光闪闪，弥足珍贵。

明代银爵

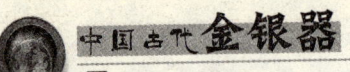

明代银器，高 9.4 厘米，口长 10.3 厘米，宽 5.8 厘米，腹深 4.5 厘米，湖南通道县瓜地村南明窖藏出土，现藏于湖南省怀化地区文物工作队。

此爵敞口，直腹，圆底，单鋬双柱，三兽形足，流短而宽，尾部较长。腹部在雷纹地上錾饰花卉、飞鸟等纹样。形制古朴，轻灵秀丽，体现了皇家用器与一般官僚所用器物的不同风格。鋬为把手。

明代银温酒器

通高 8.8 厘米，口径 6.5 厘米，清宫旧藏。

此器似今酒精炉之结构，整器由支架和盖杯两部分组成。架为三足托一圆盘，用于盛放酒精等液体燃料。支架上置圆盆形盖杯，杯内可盛酒，加热后饮用。此温酒器做工精巧，造型新颖别致，为清代中晚期银器著名作品。

清代银累丝双龙戏珠纹葵瓣式盒

清代银器，高 6.3 厘米，口径 14 厘米，清宫旧藏。

盒为葵瓣式，圈足。盒体以细银丝累出缠枝花纹为地，其上用粗银丝掐成纹饰。盒盖中心圆形开光内饰双龙戏珠图案，其外八个云头式小开光内饰八宝纹，盖边八个开光内饰花卉纹。

清代银器制造工艺在元、明两代的基础上有了突飞猛进的发展，至乾隆时期达到顶峰。银器使用范围进一步扩大，器型增多，图案也有了很大的变化。此盒累丝细腻，纹饰清晰，图案精美，技艺精湛，反映了清代花丝镶嵌

第四章 万古流芳——著名金银器鉴赏

银累丝双龙戏珠纹葵瓣式盒

工艺的艺术风格和技术水平。

开光为装饰方法之一。为了使器物上装饰变化多样，或突出某一形象，往往在器物的某一位置留出某一形状（如扇形、菱形、心形等）的空间，然后在该空间里装饰花纹，称为"开光"。

清代银錾花梅花式杯

高3.3厘米，口径5.5厘米，足径2.7厘米，清宫旧藏。

杯口呈五瓣梅花状，足为梅花形。杯身五个开光内各錾刻凸花为饰，杯柄镂雕花及花叶。

清代银器加工在继承前代工艺的基础上继续发展，技术更加精湛，尤其是康熙和乾隆两朝，银器錾刻工艺更具华贵富丽的风格，装饰效果极强。此杯造型精巧，雕琢细腻，反映出清代银器加工制作的工艺水平和风格特点。

清代银经匣

长 30 厘米，宽 11 厘米，高 13 厘米，现藏于北京故宫博物院。

此匣为拱形，两侧附有活动长方形耳，顶部中段为一匣盖。通体錾刻纹饰，正面为佛经故事，顶部饰云龙纹，背面錾刻缠枝八宝，侧面为缠枝莲花纹。此匣造型简洁，以微拱的弧度弥补了长方体呆板之弊端，使经匣无论从任何角度欣赏都富于变化。此匣纹饰全部錾刻而成，纯净明快，在清代银器工艺品中实不多见。匣盖内贴有标签，上有墨书满汉文字，内容相同，汉文为"乾隆二十年十二月二十五日达尔当阿奏进追赶阿穆尔萨那所获银经匣一个"，据此可知，此匣为乾隆年间平定准噶尔叛乱时缴获的战利品。此匣为厄鲁特蒙古工匠的作品，反映了清代蒙古族银器的工艺水平。

第二节 古代著名金器

汉代王冠形金饰

1979 年出土于江苏邗江甘泉山，二号东汉广陵王墓，现藏于南京博物馆。此金饰件用纯金铸成，小巧精致，上端呈八角形，内镶瓜子形的绿松石。圆体外面以大小不一的金珠和掐丝焊接成精巧、玲珑的双龙，双龙作镜面对称

第四章 万古流芳——著名金银器鉴赏

布设，边缘以突起的阳线作为边廓，外侧焊接细小连珠纹一道。在方寸之地，能雕镂出如此复杂的图案纹饰，足见当时工匠的匠艺之高超。由此可知，汉代金银器的掐丝、炸珠、镶嵌、镂刻等细工工艺已相当成熟。

北魏四兽形金饰件

1956 年出土于内蒙古乌兰察布盟凉城县小坝子滩，此饰件因背面錾有"猗㐌金"三字，故又称"猗㐌金"兽形金饰。金饰牌略呈长方形，镂雕有四只神兽，分作上下两列，相背站立。它们的头部朝向外侧，四兽虽都呈站立姿态，但各不相同，或挺胸抬头，或曲颈俯首，使得整个图案的布局既对称平稳，

北魏四兽形金饰

又错落有致，姿态生动。兽形似马非马，足作爪状，短而细小卷曲，体态修长而有力。造型特点主要突出外轮廓线，粗放流畅，不多作细部描绘，形体虽不大，但能显露出粗犷豪放的风格，具有浓厚的草原民族造型艺术特色。根据铭文考证，应为拓跋力微儿子猗㐌部的遗物，是鲜卑族金器工艺的杰作。

南北朝金棺银椁

2008 年出土于江苏南京大报恩寺。整器由金棺、银椁、须弥座组成。金棺前档粘有团花宝珠和浮雕的镏金护法狮子，后档粘有珍珠团花，棺盖上粘有缠枝宝相花，并以锦带缚缠。银椁前档雕出门扇，左右各一浮雕菩萨，后档上粘浮雕摩尼宝珠。椁盖中央贴镏金白玉宝蕊莲花，周围为四朵宝石镶嵌

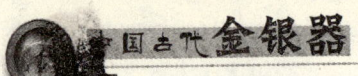

的团花，莲花和团花上皆用粗银丝作成螺旋塔形。椁的两侧面有五个或坐或动的罗汉。须弥座以壶门作底，上围以透空栏杆。周围镶嵌六周珍珠。金棺银椁采用锤揲、掐丝、贴焊、铆合、镂雕、镶嵌等手法，玲珑剔透，具有很高的艺术价值和科学价值。

唐代纯金四门塔

1997年陕西省扶风县法门寺地宫出土，现藏法门寺博物馆。塔是随着佛教的传入而出现的一种建筑形式，主要用来保存舍利。此塔用纯金铸成，由塔身和塔座构成。塔身为单层，下部錾出砌石纹样的台基，台基的四侧门下錾刻出象征性的条石垂带踏步，阑额錾连珠菱形锦纹。塔顶为四角攒尖形，塔檐叠涩外挑，四侧坡面均錾饰瓦纹，塔刹为硕大的火焰宝珠。塔体饰忍冬和阔叶卷草，塔座四侧壁錾饰一周仰莲花瓣。

唐代纯金四门塔

隋代金项链

1952年陕西省西安市西郊出土，现藏中国国家博物院。金项链左右对称，各由14个球状金珠串接组成，每个链珠均由12个小金环焊接而成，每个小环外有小焊球一圈和大焊珠5颗，链珠上镶嵌10颗珍珠，珠光闪闪，璀璨夺目，多股金丝编成的链索将金珠串联起来。项链中央上端，有一环绕着金焊珠的圆形金饰，中间镶嵌着凹雕鹿纹的深蓝色珠饰，两侧各有一金钩连接方形金饰，中嵌金石，其下又有小圆形蓝色嵌饰。项链的下端是争奇斗艳的焦点，居中一个大圆形金饰，24颗银白色的小珍珠环抱着一颗晶莹的鸡血石，金黄色的细小

隋代金项链

金珠又环绕在小珍珠之外，银黄相间，更衬得鸡血石鲜艳欲滴，珍贵无比。金饰两侧配置一四边内曲的方形金饰，中心镶嵌蓝色宝石，方形金饰与链珠串成一个整体。项链的最下面悬挂一个卵形金饰，镶嵌一大块卵形青金石。此金项链做工精致考究，用料奢侈，蓝色的青金石、红色的鸡血石、银白色的珍珠，在金色的黄金底色下，交相辉映，是迄今发现的金项链中最精美的一件。

唐代金龙

1957年陕西省西安市南郊何家村唐窖藏出土，现藏于南京博物院。此金龙为鳄鱼头，双角分叉似鹿角，牛眼，上下颚较长，似猪嘴，张口，舌呈如意头状，上唇上翘，下唇较上唇粗短，有鬃毛卷向颈部。颈细长，由颈至腹逐渐变粗。虎尾，尾端上翘。四肢粗壮有力，各有一束细长肘毛，前足上方有"许旦"刻款。左前足高举至头，四爪弯曲似鹰爪。龙身饰鱼鳞纹，错落有致。整条金龙采用錾刻工艺制作，凶猛威武，气势如虹。

金龙

辽代金面具

1986年出土于内蒙古哲里木盟奈曼旗陈国公主驸马墓，此面具出土时覆盖于陈国公主面部，依公主脸型用薄金片在模具上锤击成形，呈半浮雕状。

第四章 万古流芳——著名金银器鉴赏

辽代金面具

脸型丰满,双目微睁,鼻梁狭长,安详平静。面具边缘有33个小穿孔,作为连缀之用。公主死时年仅18岁,这件面具的眉、眼局部制作精细。过去辽墓中曾发现过银面具、铜面具、镏金铜面具。陈国公主是辽景帝的孙女、耶律隆庆亲王之女,墓中出土的纯金面具,证实了其身份之尊贵。

知识链接

镏金工艺

《集韵·十八龙》有"美金谓之镏"之说,鎏金是我国传统的镀金方法,战国时期就已经得到广泛应用。汞在常温下是唯一的液体金属,貌似银，所以又叫水银。黄金遇到水银就会溶解，生成"金汞齐"，所谓金汞齐就是汞和金的合金，"齐"是古代对合金的称呼。金汞齐加热后水银立刻挥发，金就会留存下来，镏金工艺就是利用这个原理在饰件上涂金的。镏金工艺在宗教和古建筑中的应用也很普遍。如佛像和佛教建筑等，藏传佛教就常常将大量的黄金镏在寺庙房顶做成"金顶"。该工艺在水银挥发时会产生毒害，当年圣彼得堡教堂镀金时，就有60名工人因汞蒸气中毒而死亡。

明代金凤钗

出土于江西省南城县明代藩王益宣王朱翊鈏妃孙氏墓，钗头是一只金凤立于一朵祥云之上，双腿直立，胸脯向前突出，双翅张开竖起，强劲有力，高大蓬松的尾羽高高翘起，几乎覆盖了身体的全部。金凤眼睛向下，似乎从天界俯瞰凡尘俗世。钗脚上刻有"银作局，永乐贰拾贰年拾月内成造，玖成色金贰两，外焊贰分"铭文。由此可见，此凤钗是内廷打造之后赐予王妃的，代表了永乐年间皇家金银器工艺的艺术造诣。金凤及朵云

明代金凤钗

几乎全以累丝制成,纤细秀丽,造型优美,色彩艳丽纯正,堪称巧夺天工,无与伦比。整体风格高贵华美,精致细腻。

此种金凤钗共有一对,一支稍大,为"凤";一只较小,为"凰",造型基本一致。只是稍大的凤更加强劲有力,稍小的凰则多了些纤细柔美。

这是中国目前所发现的制作工艺最复杂、做工最为精巧的金钗之一,代表了中国最高水平的金银手工工艺。

明代万历皇帝金丝冠

1985年出土于北京市昌平区明代定陵,现藏于定陵博物馆。

金冠用极细的金丝编成翼兽的形式,椎内外镶有金口,冠的后上方高耸的部位,精心设计两条金龙,盘绕在透明的金丝网面上。金龙左右对称汇合于冠顶部,龙首在上方,张口吐舌;龙身弯曲盘绕,呈现动势;双龙首中间有一圆形火珠,构成了双龙戏珠的图案。整个金冠双龙飞舞,凶猛威严,象征着封建帝王至高无上的权威,是迄今为止我国现存的唯一的帝王金冠。此金冠结构巧妙,工艺精湛,采用的金丝直径仅0.2毫米,纤细过发,编织紧密,孔眼均匀,几乎找不到金丝接头的痕迹。龙身则以粗金丝为骨,采用掐丝、垒线、码丝的方法,然后进行焊接,呈高浮雕鳞片状,鳞甲分明,共8400片。龙头、龙爪、背鳍采用錾刻的方法,呈半浮雕形;金冠采

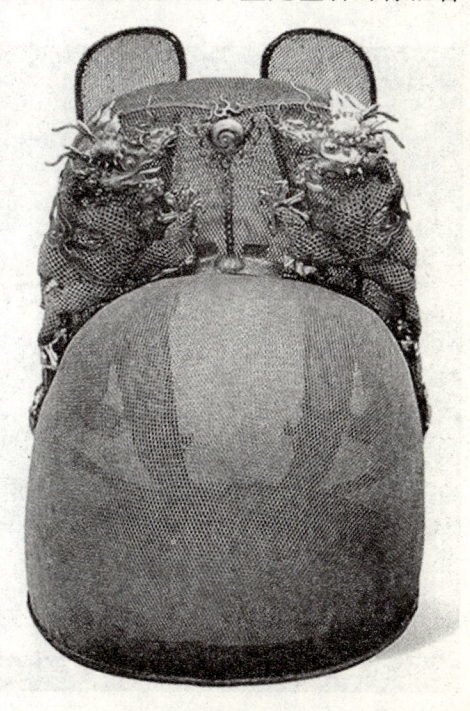

万历皇帝金丝冠

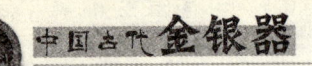

用搓金丝、掐丝、编织、填丝、垒丝、錾雕、焊接等工艺，充分反映了明万历时期皇家金银器工艺的技术水平，同时此金冠也是迄今为止中国从考古发掘中获得的唯一一件古代皇帝的金冠，弥足珍贵。

明代孝端皇后凤冠

明代凤冠造型庄重，制作精美，给人端庄而不板滞，绚丽而又和谐的艺术美感。工艺流程有花丝、镶嵌、錾雕、点翠、穿系等方法，冠上嵌龙、凤、珠宝花、翠云、翠叶及博鬓，件件都是先单独作成，然后插嵌在冠上的插管内，组合成一顶完整的凤冠。最后的组装更是一项非常复杂的工序，各饰件的放置，几千颗珍珠的穿系，几百颗宝石的镶嵌，诸多饰物于一冠，不仅安排合理，而且形象生动，色泽瑰丽，可谓巧夺天工。

金凤冠

第四章　万古流芳——著名金银器鉴赏

1956年出土于定陵的孝端皇后的凤冠，冠框用细竹丝编制，在表面及衬里各敷一层罗纱，再髹漆。冠通体嵌各色珠宝点翠如意云片。前部近项饰九条金龙，龙首朝下，口衔珠滴，其下为点翠八凤，后部另有一凤，凤首均朝下，口衔珠滴；翠凤下缀有三排以红蓝宝石为中心的珠宝钿，其间缀以翠蓝花叶。冠檐底部有翠口圈，上嵌宝石珠花；冠后下部左右悬挂六扇博鬓，每面三扇，其上点翠，嵌金龙、珠花璎珞，金冠共镶大小红蓝宝石100余颗、珍珠5000余颗。金龙、翠凤、珠光宝气，交相辉映，富丽堂皇，皇后母仪天下的高贵身份因此得到了最佳体现，着实令人叹为观止，绝不是一般工匠所能达到的。装冠服制度、明代金银工艺等提供了极为形象具体的佐证。该凤冠现藏于定陵博物馆。

因为古人留发，成年后需把头发绾起，梳成发髻，所以要用冠固定。戴冠时用笄横贯于发髻之中，冠有缨下垂而系于颈间；小冠则不用缨只用簪，以笄横贯髻中固定。并不是所有成年人都能戴冠，只有士大夫以上的达官显贵才能戴，而且什么人戴何种冠基本上也都有规定。因此，冠不仅有固发功能，同时也是古代典礼时所戴之礼帽，即身份地位的象征或礼仪装束的标志。

清代金发塔

清宫旧藏，现藏故宫博物院。塔由下盘、塔斗、塔肚、塔颈、塔伞及日月六部分组成，各层均于适当部位嵌珠宝、绿松石、珊瑚等。塔肚内供佛后置一盛发金匣，金匣正面饰六字

清代金发塔

真言，匣墙有八吉祥纹饰。塔下承以紫檀木莲花瓣须弥座，塔座前正板上贴有"大清乾隆年敬造"款。乾隆四十二年（1777年），乾隆帝的生母崇庆皇太后病逝于圆明园长春仙馆，乾隆帝为表示对已故母亲的孝敬，在其母去世后不到一个月时间，即下诏制作金塔一座，专盛皇太后御发。金发塔共用黄金3000多两，由清宫造办处承制，并派遣大臣福隆安等督办。金发塔设计式样经乾隆帝钦定，制成后安放在崇庆皇太后生前居住过的寿康宫东佛堂内。金发塔采用盘纹焊接和锤胎錾花工艺制作，纹饰精美，造型高峻而不失灵巧，反映了清乾隆时期较高的金属工艺水平。

清代金錾花如意

该如意是乾隆时期宫中重要的陈设品，重2220克，用八成金錾花嵌珠宝制作而成。如意多置于宝座与寝室的几案之上，供帝后贵妃玩赏。遇到皇帝继位或是生日等重要的日子，各地官员会贡献各式各样的如意，其中又以金如意和玉如意为多，以象征吉祥如意。此件如意的头部为镂空花熏样式，若在花熏内放入鲜花就会散发出芳香。

金錾花如意

第四章 万古流芳——著名金银器鉴赏

清代金胎包镶珊瑚桃式盒

　　清宫旧藏，现藏于故宫博物馆。以桃祝寿风俗在我国由来已久。而珊瑚原是热带海中的腔肠动物，骨骼相连，形状如树，故又称"珊瑚树"，由于珊瑚质地硬、色泽美，自古成为制造装饰品的材料。出土的金胎包镶珊瑚桃式盒，由盖和盒身组成，子母口扣合。内胎为金质，器皿为桃形，上有九龙行于云海之间，蜿蜒起伏，桃中间有圆形篆字"福寿"二字，寓有福寿双全之意。这件器物应是祝寿时所用，每逢皇帝万寿节，王公大臣及地方官吏搜集奇珍或方物作为万寿品进贡。清宫造办处也专为万寿节制造各种珍品，供皇家享受。

清代四臂观音金坐像

　　清宫旧藏，现藏于故宫博物馆。此造型精美且用纯金铸成的如此高大的金质制品殊不多见。此金观音头戴宝冠，冠顶饰一佛，作拱手状；袒胸，身披仁兽皮衣；四臂，双手腕上着钏戴镯，前两手置于胸前，作莲花式合掌印，后面上举作手印，左手执莲花；削肩细腰，双目凝神，观之其神态安详，端坐于莲台上。背光高大，且作葫芦状，内饰联珠圈，外饰以卷草纹。纹饰粗放明晰，其间嵌有东珠及各色宝石多颗。佛光背部镌汉、藏、满文

清代四臂观音金坐像

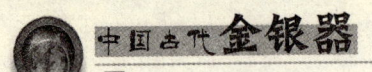

款"乾隆十三年（1748年）十二月二十日奉旨赤金成造供奉利益四臂观世音，番称坚赖滋克库布勒库舍勒佛齐希，蒙古称都尔本噶尔图"字样。这种莲花手观世音像是一种典型的佛教造型。造型劲健，制作工艺精湛，装饰极为华美，为清代喇嘛教观音像的代表作。

清代金嵌珠天球

清宫旧藏，现藏于故宫博物馆。这件天球仪是清乾隆年间制作的。球体由金叶锤打成两个半球并合为一体，接缝处为赤道。球的两端中心为南北极，两极贯以中轴，在北极有时辰盘。距赤道23°左右处为黄道。球体上饰列星辰，计有300个星座，3242颗星，全用大小珍珠镶嵌而成，并刻有每颗星的名称。球的下部为云龙支架，共由九条龙组成，其中升龙四条，以爪支撑地平圈。龙的錾雕十分精细，姿态各异。最下部为掐丝珐琅水托盘，托盘中心有指南针，盘下有四兽头形短足。底座上部是波浪汹涌的海水，以此象征大地。大地与天球构成"上有天下有地"这一自然景象。造型气势磅礴，錾雕技艺精绝，为我国绝无仅有的艺术珍品，在艺术和科学上均有极高的价值。

清代金累丝殿式龛

清宫旧藏，现藏于故宫博物馆。此龛为单脊飞檐宫殿式，分上下两层。每层正面有三个佛欢门，供有三佛，六佛姿态各异。殿底为一长方形束腰基座，四周錾刻莲花纹。每层殿周均围以勾栏，并设有五座佛欢门，正面三门，两侧各一门，各门上皆嵌饰珍珠。殿檐四周则镶缀绿松石，飞檐四角均饰以云头。殿顶单脊正中为一嵌松石宝瓶。殿壁四周满饰累丝缠枝纹，并以松石嵌八宝图案。此龛规模较大，造型庄重壮观，工艺复杂，尤其是累丝工艺极其精湛，装饰华贵，是清代花丝镶嵌艺术中的瑰宝。

清代银盆金铁树盆景

盆为银质，树为金质。银盆呈六角形，折沿，腹壁较厚实，并錾饰六幅仙人祝寿图景，人物虽仅寸许，但由于錾刻工细，设计合理巧妙，显得细致入微，形象生动逼真，足见金属工艺的卓越技巧。盆内栽有铁树，系纯金制成，在挺拔粗壮的树干上满饰规整的鳞状纹，底部的一枝杈似仰状龙首形，龙口中衔有羽状树叶，树顶中心伸出五条金丝，似呈螺旋形，金丝顶端各焊接一只蝙蝠，玲珑小巧。铁树喻示长寿，五只蝙蝠意为"五福捧寿"，是祝寿时用的陈设品。此盆景制作精细，造型独具匠心，既寓意吉祥长寿，又给人以无限生机和高雅的情趣，为清宫中的一件艺术珍品。

第五章

金银器的鉴定与收藏

　　金和银以其独特的材质美，被人们视为珍宝，不但成为财富的象征，同时，也备受收藏者的喜爱。但是，收藏和鉴定金银器从何入手呢？长期以来，人们对金银质地的认识和鉴别，形成了一套经验和方法，一般从其物理性质和化学性质上入手。通过阅读本章内容，将会让你对金银器的鉴定和保养方面的知识有所了解。

第一节
金银器的鉴定方法

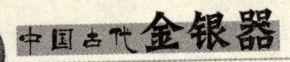

外观检验法

伪造金银器最常见的是在材料质地上作假,所以,首先必须对材料质地进行鉴别。历来一些鉴定名家积累了一些简便易行的方法和经验。

其一,掂试金银、金银器的重量。一般说来,金银的密度大,对于相同体积的金属品,金银制品要重得多,太轻的制品很可能是伪品。

其二,鉴别金银的软硬度。金银成色愈高,硬度愈小;相反,金银含杂质愈高,硬度也就愈大。对条、丝状体积小的金银制品可使用弯折方法检验硬度,金银成色高的,经两三次弯折后,弯折处出现细细的皱纹,称作鱼鳞纹;或用金属物在金银制品上轻轻划试,一般留下凹痕是真品。凡成色低的,弯折时很硬,没有鱼鳞纹出现,用金属物轻轻划拭时也只留下划痕。

其三,辨别色泽。金银的成色常常可以从颜色与色泽上观察出来。如黄金,一般来说黄金的杂质是银或铜,成色不同,颜色也不相同,一般表现为"七青、八黄、九五赤"。这个口诀可以大体反映黄金含量不同表现出的颜色也不同,据此可辨别出清金与混金。由于与白银比重颜色十分接近的金属较多,所以白银的鉴定难度较大。一般白银成色愈高,愈白细绵软,反之则灰色愈重，质地愈硬。白银常具有一种特殊光泽，俗称"神气"或"宝气"。白银成色愈高，神气愈足；反之，则神气不足或没有神气。特别是古代银锭底部蜂窝孔中的宝光，虽经千百年而依然熠熠发光。这些仅仅对鉴定金银成色有一定的借鉴作用，但不能作为确定金银成色的唯一凭据。

铭文镜

其四，听音韵试弹力。高成色金银比重大而质地软，落地时表现为无弹力而且声低闷。相反，低成色金银落地时会发出所含贱金属的声音。

其五，金银的化学性质较稳定，尤其是金子在空气中不易氧化，而铜铁制品均易氧化生锈。金在酸性液体中，其颜色不变，而铜制品只要触及酸，便会失去光泽。如是镀金，表面镀金容易脱落，且脱落部分易生锈斑，久而久之镀金表面也易被铜锈覆盖。也有些出土的古代金银器表层带有铜锈，尤其是银制品，这种情况是由于金银器在出土前，接触到其他腐蚀的铜，如与铜器一起随葬而沾染上铜锈。另外，由于古代大多数银器的质地是含有一定成分铜的银铜合金，当铜氧化腐蚀后，便附在银器上形成铜锈覆盖层。不过经过除锈处理，仍能恢复原器的本来面目。

其六，看茬口。凡伪造金银制品的表面是伪造者最煞费苦心加以伪装掩盖的重点，所以单看外观，即使是行家也很难发现其破绽。目前使用仪器检验金银制品常常无法透析其内部成色与真伪，所以，检验内部只有使用取样鉴定方法，如钻层或取样并配合试剂等等手段。还有的金银制品由于包金较厚，只用磨的方法磨不透，必须剪开才可准确鉴定成色。

其七，看铭文戳记。一般来说，金银器年代的鉴别离不开器物铭文的研究，也离不开出土墓葬的年代的确定。对金银器铭文的研究是最直接也是最重要的依据。如果金银器上无铭文或款识，对其制造年代的确定是很困难的。一般凡属正规生产的金银制品（尤其是唐代以后）上面都有各种铭文或戳记，以此来标明其字号、成色、产地、工匠姓氏等。尤其是一些信誉好、名声大的正规店铺的铭文较为可靠，那些只打成色而不打字号、产地等铭文的可靠程度就很低了。

工具检验法

使用工具检验金银器主要是用试金石及银药等检验金银器含金、银量。

1. 试金石检验

先用蓖麻籽油均匀涂于金石上，然后用所检验的金银器物在石面上磨出半厘米宽、两厘米长的金道，又称实物道。选择一根与金银实物成色接近的金或银对牌，在实物道的一侧磨出一条对牌对比道。接着再磨一实物道，形

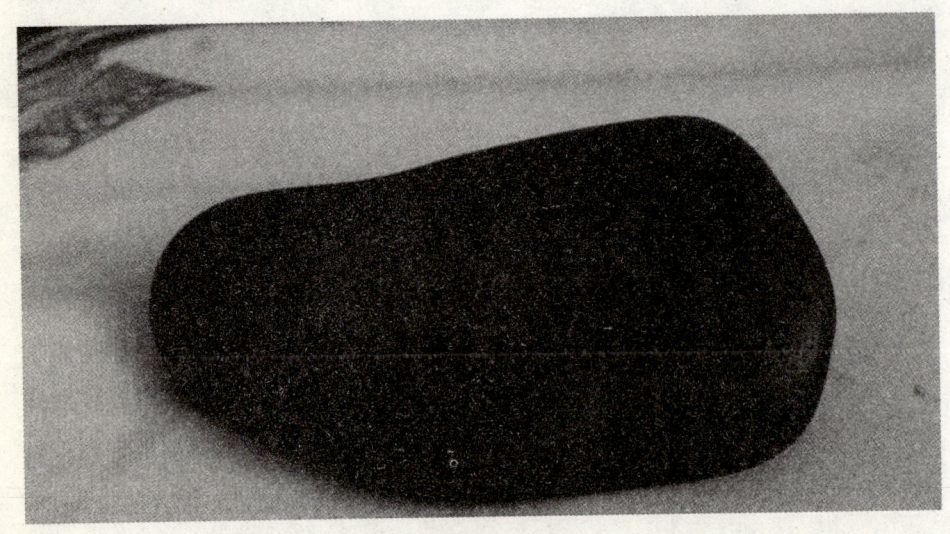

试金石

成二夹一，即实物道夹着对比道。如实物道与对比道差别较明显时，可再选一根更接近金银实物成色的金或银对牌接着磨道，则形成新的二夹一对比，只要有差别，可以一直磨对下去，直至对牌道与金银实物道颜色相同为止。此时根据对牌标明的成色则可确定金银实物的成色。进行试金石检验要注意"正看光泽、斜看浮色"，一般以正看为主，斜看为辅。

2. 银药（吃金虎、吃银虎）抹试

所谓银药是用白银细粉末与水银（汞）混合制成的软体物。由于水银具有吸附金、银合成络合物的特性，所以用银药抹试金银制品，根据挂不挂水银来确定其真伪，还可以根据挂水银多少判断金银成色高低。水银遇金或银不会发生化学反应，只需将沾有水银的金银制品加热，使水银蒸发掉，即可还金银的本来面目。

试剂点试法

即使用三酸（硫酸、硝酸、盐酸）、王水等试剂检验黄金真伪与成色。在使用试剂点试时，所指纯度一般是指其试剂纯度。其原理是根据黄金不溶于单一种酸，而银、铜等杂质溶于硝酸的特性。

火烧法

由于黄金熔点高，通过火烧（注意不要将金熔化）则大致可以辨别其真伪与含金量。一般情况下，清色金经火烧后便于识别含金量，成色较高的小混金，经火烧后色泽稍微变暗，而成色较低的小混金和大混金经火烧后呈青灰色或黑色，而且成色愈低，黑色愈深。

知识链接

金银器的鉴定窍门

金银器的真伪鉴别，主要包括两个方面，一是对其材料质地的鉴别，二是对其制造年代的鉴别。

根据现在的科学技术手段，对金、银器质地的鉴别已能做出比较精确的测定。比如器物金银含量的成色测定，对金银器内所含其他金属的成分及其含量的测定，甚至对一件金银器不同部位的金银含量，亦能分别做出测定。如湖北曾侯乙墓出土的战国金器，经测定，其含金量均在85%以上，并含有少量银和微量铜。又如浙江龙游县石佛乡出土的明代金杯，其上部含金量为73%，足与把的含金量却只有60%，此外，其足为空足，为使金杯内盛放液体后，不至于重心不稳，空足内还加铁以配重。再如河北满城汉墓中出土的银器，经测定，含银量为66.10%，铜27.8%，锡、铅各2.5%。这种银铜合金，给金银器的系统研究增加了难度。目前对金银器的研究最为细致，而又最富有成果的，当属对唐代金银器的研究。其研究成果，无疑为唐代金银器的分期断代奠定了坚实的基础，同时也为日后对中国金银器的系统研究开创了一个良好的开端。

此外，与伪造的古代的铜、玉等器物不同的是，伪造金银器最常见的是在材料质地上作假，多是以谋取高额利润为目的。在年代上作伪者尚不多见，这也造成对金银器的年代鉴定工作借鉴经验不多，无论从理论上，抑或实践经验上都显不足，缺乏这方面的系统研究和经验总结。尽管有经验的人，能够娴熟地根据器物的质地、声音、味道以及颜色等来辨别真伪，

或根据器物的造型、纹饰、铭文以及成形和加工技术方法的时代特征来推断年代,但科学的研究,并把已知的成果、经验加以确定和系统总结,仍有待大量细致地工作和深入地研究。

第二节
金银器的收藏与保养

金银器的收藏

收藏是一种历史集存和文化投资,是一种有趣而又有意义的活动。收藏金银器是为了更好地保存、鉴赏和研究,或是为了保值。要达到这些目的,前提是维护文物原貌,使之得到妥善保存。

金银器收藏达到一定数量时,科学管理亦是十分重要的。它不仅有助于收藏者将收藏品整理得井井有条,亦可帮助收藏者进一步提高鉴赏能力和研究水平。在科学管理中,最重要的环节是分类、登记、排架和编目四个方面。

1. 分类

分类方法大体有以下形式：按质地分类，即按组成文物的原材料分类；按用途分类，即按文物的不同使用功能归类；按文物制作年代分类；按文物的制作工艺分类；按文物来源分类；按文物所属国别、族别分类。这几种分类法各有利弊，收藏者可根据文物收藏情况选用。但是，从文物保护角度出发，最好采用按质地分类的方法。因为组成藏品的材料（如金、银）不同需要保护环境也不同，按照它们的不同需求分类管理，最有利于对藏品的保护。

2. 登记

以博物馆对文物的登记方法为例，藏品的登记分为藏品流水账、总登记账、分类登记账、参考品登记账等。各种账册均有固定格式，不能随便更改。文物登记账的项目包括：文物编号（此编号相应标写在文物的适当部位上，也可写标签贴挂在文物或文物包装盒上）、文物名称、时代、数量、尺寸、重量、完残情况、来源及备注。可用铅笔在账册上标写文物存放的位置，以便查找，换位置后亦可改正。原则上每件文物编一个号，填写一行。

3. 排架

指金银器在橱、柜、架等设备中摆放的方法。排架的原则：一是方便查找，二是有利于保护管理，以安全第一。首先应考虑相同质地（金或银）的器物集中存放；其次是同一质地的器物中相同器形的集中存放，并

可以摆放金银器的柜架

按时代先后排列。排架时需注意的另一个问题是取放的安全。博物馆界通过多年实践总结出一套行之有效的方法,即上轻下重、前低后高、高卧矮立。这一经验,可供金银器收藏者借鉴使用。

4. 编目

首先分别记录每件藏品的基本情况,再通过一定方式将它们集中排列,使之成为使用和研究藏品的基本资料。准确和详细的编目,不仅是管理文物的重要手段,而且也是编目者对文物进行深入了解和研究的过程。通过编目,可使收藏者迅速提高鉴赏水平和研究能力。编目卡,必须一物一卡,记录一件文物的基本外形和主要内涵。编目卡的内容包括:文物编号、名称、时代、质地、尺寸、重量、数量、来源、收藏日期、现状(完残情况)、照片、铭文或花纹拓片、描述与评价、有关著录、修复记录、鉴定记录、使用记录、流传经过等。其中最具研究性的当属描述及评价一栏。要求编目者准确描绘器物外形,详细地考证文物的历史背景及科学艺术经济价值,阐述出文物所包含的内涵。亦有按文物名称的字头、笔画、拼音或级号等方式,分类排列编目卡和编制目录。这样的编目卡和编制目录,不仅方便查检,而且每种目录都从一个方面反映着文物的发展沿革情况,具有一定的学术性。

从造型鉴定金银器制造时代

从造型上看,虽然中国古代金银器的造型和种类极为丰富多样,但应该看到,这是长期发展的结果,并不是一开始就那么丰富,也不是每个时代都那么丰富。每个时代都有其流行的款式,比如金缕玉衣只见于两汉时期,金银器皿则多见于唐代。实际上,在唐以前,中国的金银器主要是饰物和饰件,以杯、碗、盘、壶为主的器皿是唐代开始才大量出现的。另外,每个时代的器物也有其独特的时代风貌,如商周的简约灵巧,春秋战国的清新活泼,两

唐代金器

汉的粗放工整，魏晋南北朝的异域情调，唐代的富丽堂皇，宋元的清秀典雅，明清的华丽浓艳等。同样造型的金银器皿，在唐宋两代就有很大的差别。宋代器皿造型轻薄小巧、纤柔雅观，纹饰上追求诗情画意；而唐代器皿普遍形体高大、造型厚重丰盈有气势，以富丽堂皇著称。只要把握了这些时代特点，各时代的器皿就很容易分辨了。

依据造型判断年代，主要应当注意两点：第一，各类器物在各个时代的总体特征，比如器皿中的杯、碗、盘、壶等，在魏晋南北朝是什么形制，到了唐宋又是什么形制。尤其要注意的是只为某个时代所特有的造型或形制。如宋代的蕉叶形碗、辽代的鸡冠壶等。在具体的断代过程中，这种信息往往可以起到事半功倍的效果。第二，各种造型出现至消失的时间，即器物存在的时空范围。比如盘，在唐、宋、元时期都是比较常见的，但桃形和双桃形的则仅见于唐代。再如杯，从魏晋到明清都是比较多见的，但八曲长杯主要

第五章　金银器的鉴定与收藏

流行于魏晋至唐，以后则很少见。另外，有着比较明显外来风格的高足杯、带把杯也主要流行于魏晋至唐代中前期。

从铭文鉴定金银器制造时代

铭文是断代最直接、最重要的依据之一。从中国金银器的发展看，唐代中期以前金银器上的铭文很少见。唐代中期以后，有铭文的金银器显著增多。借助铭文，不但可以比较容易地确定器物的时代，而且还可以了解器物的名称、用途、制作机构等相关信息。比如，1958年陕西耀县柳林背阴村的一位农民在挖土修猪圈房时，发现了一批银器，其中一件银碗的底部刻有"宣徽酒坊宇字号"七字。

带有全鎏金篆字铭文的唐代金银器

根据有关文献记载，唐代设有宣徽院，"置宣徽南北院使以宦者任之，总领内诸司及三班内侍之籍、郊祀、朝会、宴飨、供帐之事"。人们据此认定，宣徽酒坊应为唐代宣徽院所属的酒坊，带有"宣徽酒坊"铭文的器物当为宣徽院宴飨时所使用的器物。又如，1962年西安北郊坑底寨发现一件双凤纹大银盘，盘底刻铭文："浙东道都团练观察处置等使大中大夫守越州刺史兼御史大夫上柱国赐紫金鱼袋臣裴肃进。"根据铭文中的地名、人名及职官等信息，很容易就考证出这是唐代中期的进奉器物。

鉴别黄金成色的方法

看色泽。赤黄色的黄金纯度最高，一般含金量在95%以上，正黄色含金量在80%左右，青黄色含金量在70%左右，黄色再带灰色的含金量在50%左

163

右。民间有口诀称："七青、八黄、九五赤，黄白带灰对半金。"久藏出土的金属色泽也会发生变化，业内有"铜绿，银黑，金不变"的说法。

折硬度。高纯度黄金的特点是延展性好，硬度小（摩氏硬度为2.5）。黄金含量在97%以上，用大头针或指甲能在黄金表面划出印痕，弯折三次，会在弯折处留下皱纹，俗称鱼鳞纹。成色为95%，弯折时会感觉硬，鱼鳞纹不明显。成色为90%，弯折时会感觉很硬，没有鱼鳞纹。成色更低或含有杂质时，弯折三次就可能会断裂。

光谱测金仪

试金石。这是含炭质的石英和蛋白石等混合而成的一种黑色矿物，将黄金在试金石上面划一条纹，就可以看出黄金的大致成色。不论是自然金或黄金制成品，其颜色都会随着所含的成分而变化。纯金为发亮的深黄色或浓黄色，含银的色变浅，微带淡绿色，含银大于25%的为土白色，含铜的颜色加深，呈偏红色调，含锌、铜、镍的色泽偏白。更精确的测试是，用一份已经确定了成色的黄金与检测对象一同在试金石上划痕比较色泽，比较时环境光线很重要，最好是在日光灯下进行。

除了以上传统的简便方法外，光谱测金仪是近年来广泛使用的一种检测仪器，它利用能量散射型X射线荧光分析技术，可以智能化无损伤地检测黄金、铂金、钯金、开金、开白金等饰品中各种元素含量。采用解谱技术，以谱图形式精准而形象地呈现饰品中金、铂、钯、银、铑、铜、锌、镍等众多元素的含量及其比例。测金范围为25%～99.99%，测量误差≤0.2%。上规模的商场一般都配有这类检测仪器，为消费者提供服务。

第五章　金银器的鉴定与收藏

知识链接

制作工艺

中国古代金银工艺，从商周至明清，每一时代都在继承前代的基础上不断推陈出新并由此形成各自时代的工艺特点。两汉以前因受青铜工艺的影响，主要采用范铸工艺。两汉时期除范铸工艺外，还从西方传入了金丝抽拔与炸珠焊接等技术。魏晋以后，青铜工艺的影响已基本消除，器物的成型及装饰主要采用捶揲和錾刻等工艺。宋、元时期流行夹层技法，自秦汉以来习见的掐丝镶嵌、焊缀金珠的技法几乎不见。花丝、镶嵌主要流行于明清时期，点烧透明珐琅工艺，只有清代才有。

银与银器的鉴定

鉴定银的方法与鉴定金的方法基本相同，包括掂量、折性、听音、看碴等方法。

1. 掂量

白银的比重比一般常见的金属的比重（除铅略重外）大，用手掂掂实物的轻重，视其体积大小即可大概估计出是否与白银的重量相当。

2. 折性

就是通过对实物的弯折检验其硬度。成色高的柔软，易弯曲，用指甲也能划痕，成色次的坚硬。硬度越大又有弹力的成色越次，可用如下口诀概括："高银绵，次银坚，不高不次微显弹；银质柔，铅质软，铜质既弹又坚硬。"

3. 听音

将成色高的白银抛掷于硬地上，发出"卟嗒"的响声，有声无韵无弹力。成色越低，声音越尖越高而带弹力。铜则声音高尖、弹力大。

4. 看碴

银的碴口粗，铜的碴口细，即俗话所说的粗碴银子细碴铜。成色较高的银，碴口大多呈白色，而成色较低的，则多呈黄白、青灰或黑灰等色。

5. 药品试验

在器物的隐蔽处或边缘部位划道，用玻璃棒蘸上硝酸点试，其反应后的颜色大致可用民间所说的"七绿、八黑、九五白"的标准来判断。若点试后没有任何反应，则是假银。

值得收藏的金铜佛像

1. 明清宫廷造像

明朝宫廷造像的制作主要集中于永乐和宣德两朝，所以又通称"永宣宫廷造像"，或简称"永宣造像"。据《拍卖年鉴》统计，2005年进入西藏文物十大排行榜的佛像中，北京翰海秋拍的明永乐铜鎏金"大明永乐年施"佛像，高25.7厘米，以176万元成交。

明清宫廷造像受藏家青睐有着多方面的原因，一是因为沾有"皇家"血统，其价值与价格都较高；二是明清两个时代离我们较近，很多文化的传承和审美趣味尚有共同性；三是明清时期的金铜佛像，外表大多采用鎏金制作，加之制作工艺精湛，佛像显得非常精美；四是明清两代佛像制作的数量较大，存世的数量也较多，可供不同消费层次的收藏者选择。

2. 藏传佛像

自元代开始，我国佛像制作的主流风格由汉式转为藏式，现今中国境内的拍卖场上，汉地制作的藏式佛像的数量占的比例较大，佛像收藏的人士都以藏传佛像为收藏的主体。2004年秋拍中国嘉德、北京翰海首次推出中国金铜佛像专场，北京翰海上拍的111件金铜佛像，80余件为藏式风格，占到了全部拍品的73%。

藏传佛像的收藏热有几点原因：一是藏传佛像外表做了镀金或鎏金处理，亮丽悦目；二是题材丰富，形态各异，姿势富于动感；三是藏传佛像严格按照《造像量度经》，将佛像的形式按照规定的尺寸比例准确地制作出来，造型规范；四是藏传佛像极少有题记和款识，偶有题记，大部分

藏传金佛像

也是六字真言或咒语等；五是藏传佛像不同产地的风格变化各异，藏中、藏西、藏南、藏东等地的制作风格都有不同的变化，丰富多彩。

金铜佛像价值和品位的论定

金铜佛的收藏不外乎有两类：一类是"汉传佛像"，又称"高古佛"。主要是十六国、南北朝、唐宋时期的金铜佛。这类金铜佛内涵丰富，考古出土

藏传佛像

的较多。另一类是"藏传佛像"。这类金铜佛传世品较多,国外许多博物馆及一些藏家,收藏此类金铜佛较多。

　　金铜佛像的价值分为历史价值与市场价格两方面。就历史价值而言,古玩与文物的性质是不一样,古玩作为古人或前人制作的艺术品或精美的文化生活用品,它们原来就是件摆设或供赏品,文物则是专业人员研究历史和社会发展的参照实物。对于同一时代同一品类的金铜佛像,考古出土的铜佛在品相上不如传世品精美。在专业人员眼中,却是难得的珍贵文物,但在古玩家眼中,高古文物大多属国家《文物法》保护之列,自行交易买卖与私自携带出境,都会受到法律的制裁,不会有人花钱专去收集这些东西。而藏传佛像的价格逐年攀升,仍不失是一种保值、升值的收藏品。

　　鉴定金铜佛的价值与品位,不能只看皮壳,还要看质地、形制、工艺及其历史背景等,综合分析,做出判断。就市场价格而言,在同等历史条件下,精品、珍品或名家作品才值钱。市场价格与时间有关，几年前的价位与今天的价位不同，同样一件东西，其价格不可同日而语。

金铜佛像作伪方法

1. 翻模佛像真品

翻模造出的佛像非常接近真品，近年来市场上有些仿明代铁佛像或金铜佛像，外表看上去"相"好，但是仔细观察面部、衣纹、手脚、背光等部位，会发现面部表情不够生动，手指生硬，衣饰等细部模糊。因为，翻模毕竟不是铸像，不能完全再现细部，而且制伪者急功近利，不会精心加工、细致打磨，所以翻模的佛像无法与真品的艺术价值相提并论。

2. 以真品为范本重新制造的仿制佛像

一般多以新发现的佛像为范本，重新作模仿制。如明代"永宣佛像"，目前市场上的真品价值较高，作伪者便根据真品的图片复制。由于作伪者对其没有全面的认识，擅自改动局部样式，制作出来的佛像经不起推敲，很容易鉴别真伪。

3. 残件拼合作伪法

比如两件佛像都是残器，如甲物的主尊部分在，但缺失了背光、佛台，而乙物仅存背光、佛台，于是张冠李戴、合二为一，把两件毫不相干的佛像拼合在一起。作伪者由于缺乏常识，甚至将不是同一朝代的部件拼合在一起，让人啼笑皆非。

4. 局部加铸以完整原物

即佛像为出土或传世的真品，但缺失了某个部位，作伪者就加铸这些失件，使原物完整。有些甚至画蛇添足，将原来没有的东西凭臆想加铸在佛像上。

5. 加刻铭文

原物上本来没有铭文，但作伪者为了谋取更大的利益，在佛像上加刻铭文，甚至把年代刻得比实际的年代早。

鎏金铜佛像

6. 在佛像表面涂金粉或金漆

在本来没有鎏金或鎏金已经脱落的佛像上重新涂上一层金粉或金漆，以提高其身价。

金铜佛像的鉴定与辨伪

1. 造型的鉴定

每个时期的金铜佛像都有它的风格特征，根据其突出的造型特点来进行鉴别。

（1）面相和姿态。佛像的面相与姿态是鉴定佛像的关键。包括面部的五官和表情、身材的比例，以及或坐或卧或立的姿态。

（2）背光与台座。佛像的背光和台座是鉴定佛像的参照。例如区别佛陀、菩萨、罗汉，可以根据有无头光和身光，以及台座的不同式样、做工，作为断代的依据。还可以根据台座的样式进行鉴别，佛陀和菩萨多安置在莲花座上，而罗汉则位于蒲团座上。

（3）手印与持物。佛像的手印和持物有严格的规定，根据佛像的手印和所持的法器，可以判定佛像的类别，例如大多数佛陀手中不持物，只以手印示意。而各种菩萨、护法手中的持物也有严格的区分。

鎏金铜佛像

2. 铸造技术的鉴别

古代金铜佛像一般用失蜡法和模具法铸造。由于古代铸造技术高超，造像的器壁较薄，用手敲击的声音比较清脆、集中，就是行话中的"手头"和"声响"。作伪者不知道原物的重量，随意铸成，作伪的佛像不是过厚就是过薄。胎体过厚或过薄的伪作，用手敲击，前者铜声浑浊，后者铜声脆而散。

古代工匠有着丰富的铸像经验，注意佛身、背光、佛床之间的比例，一般下重上轻，或者将背光加重来校正器物的重心。但是作伪者无法顾及，佛像就做得十分单薄，尤其是佛的背光铸造得均衡、呆直，给人重心不稳的感觉。

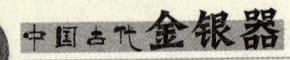

3. 包浆的鉴别

包浆是鉴别金铜佛像的重要依据之一，指器物表面没有浮锈，氧化层均匀覆盖通体，呈现一种自然、莹润的光泽。金铜佛像的包浆有生坑和熟坑两种：

生坑是指新出土的金铜佛像，表面一般氧化的较严重。作伪者仿造生坑的佛像，一般作漆斑，色泽不润，刺眼，行话"发贼"。可以通过以下的方法辨别：一是用双手搓热触摸器物后，手上有铜腥味；二是用热碱水刷洗器表，假漆容易脱落。

熟坑，是指未经入土的传世品。佛像经过长期流传，表面形成一种自然、匀净的光泽，底层色泽丰富，表层光亮耀眼。作伪者通常给伪作表层上蜡，虽然表层光泽明亮，但底层呆板，没有层次感。

4. 铭文的鉴别

金铜佛像的铭文，也称发愿文，铭文内容主要包括：时代、年号、月日、地方名、施愿者姓名、发愿内容等，有寥寥十余字，也有百余字。有的镌刻在佛床的边框上或足表面，有的刻在佛像背面。

鉴别铭文的真伪，一是看字体，各个时期的风格不同；二是看刀法，刀法的优劣，是否自然。特别是一些作伪者在佛像上加刻的铭文，可通过观察字的铜色的新旧程度，加以鉴别。另外再看所刻的内容是否符合佛像所展现的时代风格特征。

5. 纹饰的鉴别

佛像的纹饰对于鉴定佛像比较实用，如南北朝时期，佛像的衣着为褒衣博带式大衣，衣纹繁复飘逸，具有汉式风格；隋唐时的佛像服饰已十分华丽，纹饰繁杂，璎珞粗大、饱满，束冠缯带低垂，帔帛下垂至足，显得飘逸秀美；

宋代的时候出现了内穿 V 字领的僧衣，袈裟样式与宋代僧人所穿的相同；辽代的佛像多下着长裙，装饰简洁；明清时期的佛像多为藏式佛像，浮雕珠宝，较为华美。

古代金银器保养

作为物理和化学性质都较稳定的贵重金属，金银与其他一般金属材料相比，具有耐大气氧化和腐蚀的特性，可以历经千年，新亮如初，不少金银制品历代相传，成为传世之宝。黄金是自然界中最具惰性的金属，不受水和大多数酸的影响，也不为氧所侵蚀，不易失去光泽。与金相比，银的这种性能则稍差，潮湿环境和氧气的共同作用会使银表面氧化，其色泽会由白亮转化

银器鱼形鼻烟壶

为灰或黑色；银抗硫化物腐蚀的特性也不及金。所以有人认为金银器的保养，重点就是防止银器被氧化或被硫化，实际并非如此。我们知道，黄金是一种贵重金属，有很高的经济价值，在加工成器物时，往往要掺入一些银、铜、铁，可以降低成本，增加硬度，改变颜色。另外由于古代冶炼技术的限制，黄金内常会含有一些易氧化生锈的铜、铁等杂质。金银器在加工过程中，有可能形成细小的空隙，水或水汽钻进缝隙，就会产生电解腐蚀，金器也会生锈。所以古代金器、银器都需要加强保护，注意保养。

金银器和其他文物一样，也面临机械损害和自然损害的可能。机械损害是指外力直接作用于器物而造成的损坏，如摔、碰、砸、擦、蹭等。自然损害是指器物所处的自然环境中，由于空气、温度、湿度、尘埃、光照等因素导致的渐变的、潜移默化的伤害。自然因素对金银器造成的损坏，短期内不易被肉眼观察到，但每时每刻都在威胁着金银器的安全，所以要注意做好金银器的日常养护。

首先金银器不要直接暴露在空气中，要单件包装，避免相互磕碰，最好是按照金银器的器型，为金银器制作合适的囊匣，囊匣要内软外硬。囊匣能防震免损，又可防尘、防光、防潮，是保护金银器的最好包装。

多数金银器年代久远，在外力的作用下容易损伤。因此在取放金银器时，要选取器物坚实的部位下手，如器物的腹、底等部位，也可以一手握住器物的上半部，一手托底。不能拎边、捉把、提梁或持柄；更不能握持易损伤部位和可拆卸部位。茶壶、茶托、茶盘、碗等带托、带盖的金银器，要将器盖、器身、底托分别拿放，避免脱手落地。总之要集中精力，轻拿轻放。

接触金银器物要戴手套，鉴赏器物时要保持一定的距离，以免汗水和口沫污染器物。存放金银器的房间，必须保持干燥，没有尘埃和空气污染物，温度保持在18℃~24℃，相对湿度在40%~50%；室内的照明不要太强，要使用无紫外线灯具，尽量减少拍摄的次数和时间。

如果遇到刚出土的金银器，或者金银器受到了不同程度的沾污和侵蚀，可根据情况，采取相应的措施去处理，以达到保护的目的。

金器不易腐蚀，纯金器表面的有机污垢可以用氢氧化钠水溶液清除，如果金器表面有水渍等石灰质沉淀，可用稀硝酸涂抹即可除去。金器常见的腐蚀现象，大多是其中的铜、银或铁发生氧化的结果。铜氧化形成绿色的薄锈，可以用酸类或氨水清除。铁产生的红色锈蚀物，用盐酸溶液就能清除掉。

鎏金器表面的污垢，在用乙醚、苯、氨水进行清洗后，要用蒸馏水冲洗，然后烘干。如果鎏金器表面被铜锈覆盖，可以用碱性酒石酸钾钠清除掉；也可用机械法清除，需要在显微镜下，用钢针挑除锈蚀，当鎏金层露出时，用1%的稀硝酸把鎏金器的表面清洗一下，但绝不可用浓硝酸来软化锈壳，否则将引起金饰的脱落。

要把变形的金器恢复原形，收藏者自己也可以做一些简单操作。像金叶等较薄的纯金器，可将其按压展平；如果是较易折裂的制品，还可用还原的方法来处理，就是适当地将其加热回火，即能软化展平。但鎏金的金属器物，则不能用这种方法处理，否则会损伤鎏金层。

金器因硬度较低，常常会受到外力的损坏。较轻微的冲击，都能引起扭曲、压皱、擦伤等；即使用较为粗糙的布片擦拭，也会破坏表面光泽。所以金器表面的灰尘要用软毛刷拂拭、用羚羊皮擦拭。

有一点需要特别注意，金铜合金制品，往往因为含有银，铸出的铜器呈淡黄色，甚至呈绿色。器物经过多年埋藏，土中的盐类清除了合金表面的较浅金属，结果器物表面就留下一层纯金薄片，淡黄色就会转变成一种熟黄色。器物出土时，这种艳丽色彩应当保留，不要去掉。

银是相当稳定的金属，在室温或加热情况下，几乎看不出与氧或水的作用，但在大气中容易受某些有害物质的侵蚀，而使颜色变得晦暗。

银易受空气中硫物质的侵蚀而色变暗，产生黑色硫化银薄膜。如果银器

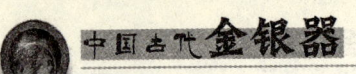

有了黑色斑点，可以将银器浸入到加有铝箔或锚片、温度在78℃的盐水或苏打水中浸泡1~3分钟，取出后用水清洗、擦干。随后还可以用海绵或全棉类织物涂上光亮剂干擦银器表面，最后用干净柔软的毛巾或脱脂棉将银器擦亮，银器表面就会留下一层看不见的保护膜。

如银器被硫化物严重腐蚀，完全矿化，则需进行清洗、干燥处理。

银受含氯物质侵蚀会形成氯化银，还会被污染上各种颜色，遇孔雀石就会被染成绿色，遇氧化亚铜就会被染成淡红色。如果银器上的这种颜色已经稳定，就不必进行处理，要尽量保留原状。

古银器的成分往往是银铜合金，当接触到腐蚀介质时，会发生电化学腐蚀，从而加速银的离子化过程，银器会变色。银器也易被氯化物腐蚀，表面生成一层薄薄的氯化银膜，呈现出悦目的灰色并带有褐色和紫色，即银器的"包浆"，这是一种岁月的痕迹，可以让古银器显得雍容、古朴、典雅，有一种说不出的历史韵味，增加了银器的艺术魅力。所以尽量不要去处理它，让它保存下来。

如果古银器表面形成铜锈覆盖层，可采用电还原法，以铝为阳极，将器物浸入碳酸钠或氢氧化钠溶液中，直至锈物消失，再用蒸馏水冲洗、干燥，最后用高分子材料封护。

如果条件允许，可以对银器进行简单修复，酒精中滴入几滴氨水，或者将白垩粉加水调成糊，用软布蘸取擦拭，就能使银器的纹饰清晰。

脆弱的银器整形时可以用加温的方法来增加其韧性，逐渐升温，从250℃升到400℃，再升到500℃，使其回火软化，但温度千万不可过高。如果温度过高，银器上鎏金的颜色就会变淡。为银器细部整形，可用木头或锡按照银器局部形状铸制模具作为垫托，顶端贴衬以软牛皮或羊毛毡，用台钳夹或用锤打压，以恢复其原来形状。整形过程要格外小心，不要过重锤打，以免造成银器的损坏。

自己动手修复金银器之前，对器物的情况要有一个准确的评估，确实能改进金银器的外观、保证纹饰清晰的情况下，才能进行处理，否则，最好请文物修复专家来处理。

知识链接

金银器装饰与工艺特征

　　金银器的装饰艺术和制作工艺也是断代的重要标准之一。先秦时期的金银器制作工艺直接来源于青铜器制作，其装饰题材为青铜器中常见的云雷纹、蟠螭纹等。制作上，简单一点的器物直接浇铸而成，复杂一点的器物，采取先分件铸造然后再合范浇铸或焊接到一起的方法。錾刻技艺较熟练，已能处理细如毫发的局部加工。艺术构思讲究对称、平衡，既突出主题，又注意相关背景的呼应、衬托，整体和局部关系处理和谐。已掌握了浇铸、锤鍱、镂空、线刻、浮雕、圆雕、焊接、镶嵌等多种工艺，甚至一件器物综合使用多种工艺。

　　秦汉时期，金银器皿增多，其制作工艺较前代有了很大发展，逐渐脱离了青铜器的窠臼，不仅能熟练地浇铸焊接出纯度较高的大型金兽，而且还能在毫厘之间设计出巧妙的机关和刻划出精彩的图像。汉代金银工艺最大的成就，是创新了掐丝和炸珠焊接技术。将黄金、白银锤击、拉制成均匀的细丝，按所需花纹编成一定的图案，然后焊接在器物上。炸珠是将黄金熔化成液体，再把金液滴入温水中，利用金液与水的温度差别使之凝结成大小不等的金珠，将金珠焊接在器物表面作为装饰。掐丝和炸珠工艺受

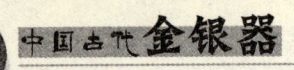

西方金银器制作工艺的影响，在西汉时期流行，至东汉将掐丝和炸珠结合，金银掐出轮廓，排列整齐的细小金珠焊饰、镶嵌于器物表面。

魏晋时期金银器体现了南北文化的融合、中西文化的交流。装饰题材较前代有所扩大，有波浪纹、连环纹、卷叶纹、莲花纹、朱雀、人首鸟身及多边形几何纹，还出现了成组的乐人形象和佛教造像。装饰手法上，纤细流畅的刻线施满器表的纹饰，创造出富丽堂皇的艺术效果。少数民族金银器将掐丝和炸珠相结合，并镶嵌珍珠、宝石、琉璃等。

唐代金银器制作早期受波斯萨珊艺术的影响，充满异国情调，在吸收、消化外来艺术风格基础上，晚期其造型及装饰完全中国化。装饰题材非常广泛，动物纹有鸳鸯、孔雀、鹦鹉、蝴蝶、雁雀、猞猁、熊、狮、龟、狐狸、犀牛、马、鹿、猴、鱼以及具有神话色彩的龙、凤、翼兽、摩羯等。植物纹有葡萄、忍冬、石榴、柿子、莲花、蔓草，形式有折枝、缠枝、团花等。佛教内容有菩萨、弟子、飞天、伽陵频嘉鸟等。还有连环画式的人物故事，抽象的变体的云纹、几何纹。装饰手法上有满点装和散点装的形式，有的将装饰面分割成六、九、十二、十四等分，形成S形或V形区间，进行相同或相间纹样的装饰，有的内外相同，如同渗透一般。纹饰富丽饱满，生机盎然，洋溢着蓬勃向上的时代精神。制作工艺上，器物成型多采用浇铸、切削、锤击、铆接、焊接法，花纹装饰多用錾刻、浮雕、镂空、模压、掐丝、鎏金、抛光、镶嵌、焊接等方法。

宋元金银器装饰题材多来源于现实生活，风格趋于写实化、生活化。植物纹多见于日常生活中的花卉，也流行瓜果装饰。动物纹中小动物明显增多，除龙、凤以外，唐代多见的神异动物几乎不见了。宋代还出现了人物风景图，将人物置身于楼台亭阁、花草树木等组成的优美图画中，还出

第五章　金银器的鉴定与收藏

现了诗词文章，有名句佳作，也有即兴小诗。制作工艺上，宋元金银器在继承唐代金银器特点的基础上，创新出具有时代特征的夹层合成法和凸花雕饰工艺。

明清金银器装饰题材极为丰富，喜用图案组织出吉祥寓意。装饰手法主要有錾刻、镂空、花丝、镶嵌、鎏金，以花丝和镶嵌最有特色，制作工艺集前代之大成，各种工艺娴熟运用。一件复杂的器物，往往采用多种工艺制作而成，风格豪华富丽，装饰繁缛精致。其中花丝工艺最为发达，有掐丝、搓丝、累丝、填丝、组丝编织等多达十几种。

图片授权
全景网
壹图网
中华图片库
林静文化摄影部

敬　启

本书图片的编选，参阅了一些网站和公共图库。由于联系上的困难，我们与部分入选图片的作者未能取得联系，谨致深深的歉意。敬请图片原作者见到本书后，及时与我们联系，以便我们按国家有关规定支付稿酬并赠送样书。

联系邮箱：932389463@qq.com

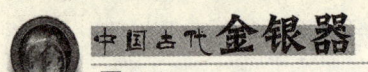

参考书目

1. 谢建骁编著．古董金银器收藏投资完全手册．上海：上海科学技术出版社．2012
2. 贺云翱，邵磊主讲．中国金银器：文物名家大讲堂．北京：中央编译出版社．2008
3. 李飞著．中国传统金银器艺术鉴赏．杭州：浙江大学出版社．2008
4. 卢兆萌著．玉振金声：玉器·金银器考古学研究．北京：科学出版社．2007
5. 冀东山著．神韵与辉煌——金银器卷．西安：三秦出版社．2006
6. 张景明著．中国北方草原古代金银器．西安：文物出版社．2005
7. 段清波主编．中国古金银器．武汉：湖北美术出版社．2001
8. 龚国强著．与日月同辉：中国古代金银器．成都：四川教育出版社．1998

中国传统民俗文化丛书

一、古代人物系列（9本）
1. 中国古代乞丐
2. 中国古代道士
3. 中国古代名帝
4. 中国古代名将
5. 中国古代名相
6. 中国古代文人
7. 中国古代高僧
8. 中国古代太监
9. 中国古代侠士

二、古代民俗系列（8本）
1. 中国古代民俗
2. 中国古代玩具
3. 中国古代服饰
4. 中国古代丧葬
5. 中国古代节日
6. 中国古代面具
7. 中国古代祭祀
8. 中国古代剪纸

三、古代收藏系列（16本）
1. 中国古代金银器
2. 中国古代漆器
3. 中国古代藏书
4. 中国古代石雕
5. 中国古代雕刻
6. 中国古代书法
7. 中国古代木雕
8. 中国古代玉器
9. 中国古代青铜器
10. 中国古代瓷器
11. 中国古代钱币
12. 中国古代酒具
13. 中国古代家具
14. 中国古代陶器
15. 中国古代年画
16. 中国古代砖雕

四、古代建筑系列（12本）
1. 中国古代建筑
2. 中国古代城墙
3. 中国古代陵墓
4. 中国古代砖瓦
5. 中国古代桥梁
6. 中国古塔
7. 中国古镇
8. 中国古代楼阁
9. 中国古都
10. 中国古代长城
11. 中国古代宫殿
12. 中国古代寺庙

五、古代科学技术系列（14本）

1. 中国古代科技
2. 中国古代农业
3. 中国古代水利
4. 中国古代医学
5. 中国古代版画
6. 中国古代养殖
7. 中国古代船舶
8. 中国古代兵器
9. 中国古代纺织与印染
10. 中国古代农具
11. 中国古代园艺
12. 中国古代天文历法
13. 中国古代印刷
14. 中国古代地理

六、古代政治经济制度系列（13本）

1. 中国古代经济
2. 中国古代科举
3. 中国古代邮驿
4. 中国古代赋税
5. 中国古代关隘
6. 中国古代交通
7. 中国古代商号
8. 中国古代官制
9. 中国古代航海
10. 中国古代贸易
11. 中国古代军队
12. 中国古代法律
13. 中国古代战争

七、古代文化系列（17本）

1. 中国古代婚姻
2. 中国古代武术
3. 中国古代城市
4. 中国古代教育
5. 中国古代家训
6. 中国古代书院
7. 中国古代典籍
8. 中国古代石窟
9. 中国古代战场
10. 中国古代礼仪
11. 中国古村落
12. 中国古代体育
13. 中国古代姓氏
14. 中国古代文房四宝
15. 中国古代饮食
16. 中国古代娱乐
17. 中国古代兵书

八、古代艺术系列（11本）

1. 中国古代艺术
2. 中国古代戏曲
3. 中国古代绘画
4. 中国古代音乐
5. 中国古代文学
6. 中国古代乐器
7. 中国古代刺绣
8. 中国古代碑刻
9. 中国古代舞蹈
10. 中国古代篆刻
11. 中国古代杂技